신방수 세무사의
공인중개사 세무 가이드북

|실전 편|

세금을 알아야 중개사무소를 제대로 운영할 수 있다!

신방수 세무사의

공인중개사
세무 가이드북

|실전 편|

신방수 지음

두드림미디어

공인중개사무소는 공인중개사 자격을 가진 사람이 부동산 중개를 위해 운영하는 사업장을 말한다. 따라서 부동산 중개업을 개인이 운영하면, 다른 업종처럼 부가세와 소득세, 원천세 같은 세무신고가 뒤따른다. 물론 이러한 중개사무소는 법인으로도 운영할 수 있다. 그런데 실무에서 보면, 중개사무소가 부닥치는 각종 세제가 참으로 복잡하게 구성되었음을 알 수 있다. 부가세 제도만 해도 일반 간이과세자, 세금계산서 발행 간이과세자, 일반과세자 등으로 구분되어 관련 제도들이 뒤엉켜 있다. 이러다 보니 고객에게 현금영수증을 어떤 식으로 끊어야 하는지, 부가세 신고를 어떤 식으로 해야 하는지 혼란스럽기만 하다. 소득세도 장부작성 의무에 따라 신고 방법이 여러 유형으로 나뉘는데, 이 중 어떤 방법을 선택해 신고하는 것이 유리한지 도무지 감을 잡기가 힘들다. 이에 더해 중개보조원에게 소득을 지급할 때 원천징수를 어떤 식으로 할 것인지도 알쏭달쏭하기만 하다. 이 외에도 곳곳에 다양한 문제점들이 도사리고 있다. 모두 일 처리를 잘못하면 무지막지한 가산세가 기다리고 있어, 중개사무소를 운영하는 대표자는 늘 좌불안석이 되는 것이 작금의 현실이다.

이 책은 이러한 배경하에 중개사무소가 알아야 할 세무 등에 관한 내용을 체계적으로 전달하기 위해 집필되었다. 그렇다면 이 책의 장점은 무엇일까?

첫째, 국내 최초로 중개사무소 운영에 필요한 세무 문제를 모두 다루었다.

이 책은 총 8장으로 구성되었다. 제1장은 중개사무소가 알아야 할 세무의 기초적인 문제를 다루었다. 구체적으로 중개사무소의 3대 세금, 중개업의 분류와 세법의 적용, 중개업에 대한 조세감면 제도 등이 이에 해당한다. 제2장은 중개업의 사업자등록 방법과 사업 전후에 알아야 할 사업용 계좌 제도 등에 대해 알아보았다. 이후 제3장부터 제7장은 개인 중개사무소에서 발생한 부가세, 원천세, 소득세 등과 관련해 자주 발생하는 세무상 쟁점을 최대한 다루었다. 마지막 제8장은 중개법인의 설립과 세무 처리법을 살펴보았다.

- 제1장 중개사무소가 알아야 할 세무의 기초
- 제2장 중개업의 사업자등록과 장부작성 의무 등
- 제3장 중개사무소의 매출영수증 발행법
- 제4장 중개사무소의 부가가치세 신고
- 제5장 중개보조원의 소득 구분과 원천징수
- 제6장 중개사무소의 비용 처리법
- 제7장 중개사무소의 종합소득세 절세법
- 제8장 중개법인의 설립과 세무 처리법

둘째, 실전에 필요한 다양한 사례를 들어 문제해결을 쉽게 하도록 했다.

중개사무소의 개설부터 폐업까지 정말 다양한 세무상 쟁점들이 발생한다. 일 년 내내 매출과 인건비를 포함한 비용이 발생하기 때문이다. 이 과정에서 부가세도 신고해야 하고 소득세도 신고해야 하는데, 이에 대한 체계적인 지식이 없다면 혼란이 가중될 가능성이 크다. 이 책은 이러한 관점에서 중개사무소의 운영에 꼭 필요한 내용만을 골라 사례를 통해 문제점을 해결할 수 있도록 노력했다. 이 외에 실무적으로 더 알아두면 유용할 정보들은 Tip이나 절세 탐구를 추가해 정보의 가치를 더했다. 또한, 곳곳에 요약된 핵심정보를 제공해서 실무 적용 시 적응력을 높일 수 있도록 노력했다.

셋째, 중개사무소에 특화된 최신의 정보를 모두 다루었다.

이 책은 업종별 세무 중 중개업에 꼭 필요한 정보를 최대한 반영했다. 구체적으로 사무소 개설을 할 때, 공인중개사법은 어떻게 규정되어 있는지, 간이과세자가 매출영수증을 어떤 식으로 발행할 것인지, 중개보조원의 소득을 사업소득으로 신고해도 되는지, 간편장부 대상자는 차량비 규제를 받는지, 중개업도 조세특례제한법상 조세감면을 받을 수 있는지, 중개법인을 설립할 때 법인 전환을 통해서 하면 좋은지 등이 그렇다. 그밖에 중개사무소의 현실을 고려해 매출 수준별로 어떤 식으로 소득세 신고를 하는 것이 좋을지, 동종업계는 얼마나 세금을 내고 있는지 등도 자세히 분석했다.

이 책은 국내 최초로 부동산 중개업에 대한 정통적인 세무를 중개사무소의 입장에서 다루었다. 따라서 현재 중개사무소와 중개법인을 운영하거나 이에 종사하는 분들, 개업을 앞둔 예비 공인중개사분들, 그리고 이들과 유기적인 관계를 맺고 있는 세무업계 종사자 등이 보면 좋을 것이다.

이 책은 많은 분의 응원과 도움을 받았다. 우선 이 책의 내용에 대한 오류 및 개선 방향 등을 지적해주신 권진수 회계사님께 감사의 말씀을 드린다. 그의 앞날에 무궁한 발전이 있기를 기원한다. 그리고 항상 저자를 응원해주신 카페회원들과 가족의 안녕을 위해 늘 기도하는 아내 배순자와 대학생으로 본업에 충실히 임하고 있는 두 딸 하영과 주영에게도 감사의 말을 전한다.

아무쪼록 이 책이 부동산 중개업에 대한 세무에 대해 능통하고 싶은 분들에게 작은 도움이라도 되었으면 한다.

독자들의 건승을 기원한다.

역삼동 사무실에서
세무사 신방수

┃일러두기┃

이 책을 읽을 때는 아래 사항에 주의하시기 바랍니다.

1. 개정세법의 확인

이 책은 2024년 2월 말에 적용되고 있는 세법을 기준으로 집필되었습니다. 실무에 적용 시에는 그 당시에 적용되고 있는 세법을 확인하는 것이 좋습니다. 세법 개정이 수시로 일어나기 때문입니다.

2. 용어의 사용

이 책은 다음과 같이 용어를 사용하고 있습니다.

- 부가가치세→부가세
- 부가가치세법(시행령)→ 부가법(부가령)
- 소득세법(시행령)→소득법(소득령)
- 법인세법(시행령)→법인법(법인령)
- 조세특례제한법→조특법
- 공인중개사무소(법인)→중개사무소(중개법인)

3. 부동산 중개업 관련 법률정보

- 공인중개사법은 법제처 홈페이지 등에서 알 수 있습니다.
- 부동산 중개업과 관련된 세무 정보는 국세청 홈택스 홈페이지에서 알 수 있습니다. 특히 홈택스는 사업자등록, 경비율, 부가세 신고 등을 위한 많은 공간이므로 이 부분을 잘 활용하시기 바랍니다.

4. 책 내용 및 세무 상담 등에 대한 문의

책 표지의 안 날개 하단을 참조하시기 바랍니다.

참고로 세무 상담은 저자의 카페에서 자유롭게 할 수 있습니다.

목차

제1장 중개사무소가 알아야 할 세무의 기초

제2장 중개업의 사업자등록과 장부작성 의무 등

제3장 중개사무소의 매출영수증 발행법

제4장 중개사무소의 부가가치세 신고

제7장 중개사무소의 종합소득세 절세법

제8장 중개법인의 설립과 세무 처리법

제1장

●●●●●

중개사무소가 알아야 할
세무의 기초

중개사무소도
세금을 알아야 하는 이유

지금부터 전국 곳곳에서 활동하고 있는 공인중개사무소(이하 '중개사무소')에 대한 세무 처리법을 가장 쉽게 알아보려고 한다. 이 책을 읽는 독자들이 예비창업자이거나 현재 사무소를 운영하고 있어도 상관없다. 또한, 중개사무소에서 실장이나 직원 등으로 일하고 있거나 이들에게 세무 서비스 등을 제공하는 업계도 상관없다. 앞으로 이 책에서는 조각조각 제공되는 세무와 회계에 대한 정보를 중개사무소의 관점에서 통합해서 제공할 테니까 말이다. 이러한 관점에서 중개사무소가 세금을 알아야 하는 이유를 선별해서 알아보자.

첫째, 세법상의 불이익을 방지하기 위해서다.

중개사무소는 한국표준산업분류표상 '부동산 중개업'을 영위하는 사업자군에 속한다. 따라서 사업자로서 모든 혜택을 누리는 동시에 의무를 이행해야 한다. 그렇다면 이들에게 주어지는 혜택에는 어떤 것들이 있을까? 그런데 엄밀히 말하면 혜택은 없고 의무만 있다고 해도 과언이 아니다. 중개할 때마다 영수증을 발행하고 각종 세금을 신고해야 하기 때문이다. 그렇다고 이런 행위를 하지 않을 수도 없다. 의무 불이행에 따른 가산세 등이 상당히 많아 재산상 손실을 볼 가능성이 크기 때문이다. 그런데 문제는 사업과 관련된 세법상의 의무협력 제도들이 생각보다 복잡하다는 것이다. 그래서 두 손 두 발 다 들고 만다. 이래서는 제대로 된 사무소 경영을 할 수 없다. 결국, 본인의 사무소 경영을 원활히 하기 위해서는 세금을 알아야 한다.

둘째, 세제 혜택을 제대로 받기 위해서다.

중개사무소가 마주하는 세금은 크게 부가가치세(부가세)와 종합소득세(종소세) 정도가 된다. 전자는 간접세로 중개용역 공급 시 부가세 징수 의무가 있으며, 이에 대한 의무를 제대로 이행해야 불이익이 줄어든다. 하지만 후자는 자신의 소득에서 내는 세금이며, 이 소득이 커지면 커질수록 세금이 기하급수적으로 늘어나게 된다. 따라서 세후소득을 늘리기 위해서는 소득세를 줄이는 방법을 알아야 한다. 예를 들어, 결산 과정과 당기순이익을 조절하는 방법, 그리고 종합소득세 산출 시 소득공제나 세액공제, 세액감면 등을 잘 받는 방법 등을 연구하는 것이다. 결국, 이러한 절세법을 익히기 위해서는 세금에 대해 잘 알아야 한다.

셋째, 사업 가치를 높이기 위해서다.

중개사무소를 운영하면서 각종 의사결정을 해야 할 때가 많다. 직원을 추가로 채용할 것인지, 사업장을 이전할 것인지, 법인을 만들어야 할 것인지 등이 이에 해당한다. 이러한 의사결정은 모두 세금과 연동되어 있으므로 결코 이를 등한시할 수 없을 것이다.

중개사무소의 운영과 관련해 발생하기 쉬운 오류는 다음과 같다. 여기에 없는 것들도 많은데 이는 책의 본문을 통해 확인해보자.

- 중개보수료를 받을 때 현금영수증을 어떤 식으로 끊을지 잘 모른다.
- 세금계산서를 발행하는 간이과세자(4,800~8,000만 원 미만)의 부가세 신고법을 모른다.
- 중개보조원의 성과급을 제외하고 매출 계산을 한다.
- 부가세 신고 시 매입세액공제 등을 놓친다.
- 중개보조원의 성과급을 무턱대고 사업소득으로 처리한다.
- 장부작성 의무를 제대로 이해하지 못한다.
- 매출이 많음에도 불구하고 단순경비율로 신고한다.
- 근무하지도 않은 가족을 채용해서 경비 처리를 한다.
- 직원을 고용했는데도 불구하고 고용 세액공제 받는 것을 놓친다.
- 중개업은 받을 수 없는 중소기업 특별세액감면을 받는다.
- 동종업계보다 더 많은 소득세를 낸다.
- 매출 변동에 따라 적용되는 부가세와 소득세와 관련한 각종 제도를 알지 못한다.
- 개인 중개사무소를 무턱대고 법인으로 전환한다.

※ 저자 주
최근 정부는 2024년 7월 1일부터 현행 간이과세자 기준금액을 연간 8,000만 원에서 1억 400만 원으로 상향 조정할 것임을 예고했다. 이 책의 독자들은 이를 고려해 관련 내용을 살펴보기를 바란다.

중개사무소의
3대 세금

중개사무소가 마주하는 주요 세목은 크게 부가세, 소득세(법인세), 원천세 등이 된다. 이와 관련된 신고 의무를 이행하지 않으면 가산세 등의 불이익이 주어진다. 따라서 사무소의 대표자 관점에서는 이러한 3가지 세금에 대해서는 준 박사급이 되어야 한다.

1. 부가가치세

부가법상 과세사업자는 일반과세자와 간이과세자로 구분된다. 부동산 중개업(중개업)도 여기에 해당하므로 아래와 같이 일반과세자와 간이과세자로 구분할 수 있다.

구분	일반사업자	간이과세자
사업자의 구분	연간 매출액 8,000만 원 이상	연간 매출액 8,000만 원* 미만
과세 기간	1.1~6.30, 7.1~12.31	1.1~12.31
신고 주기	연간 2회	연간 1회
불이행 시 불이익	· 신고불성실가산세 · 납부지연가산세	좌동(단, 4,800만 원 미만 납부면제)

* 부동산 임대업, 과세 유흥장소는 연간 4,800만 원을 기준으로 한다. 참고로 2024년 7월 1일 이후부터는 간이과세 기준금액이 연간 1억 400만 원으로 상향조정될 것으로 보인다(이하 동일).

ⓔ 중개사무소의 관점에서는 과세유형에 따른 매출영수증 발급, 현금영수증 의무발급, 매입세액공제 등과 관련된 문제들이 자주 발생한다.

2. 소득세(법인세)

수입에서 비용을 차감한 이익에 대해서는 1년 단위로 소득세(법인세)를 내야 한다. 이를 요약하면 아래와 같다.

구분	소득세	법인세
신고 의무자	개인 중개사무소	법인 중개사무소(중개법인)*
과세 기간	1.1~12.31	좌동(12월 말 법인)
신고 및 납부 기한	다음 해 5월(성실신고사업자는 6월)	다음 해 3월(성실신고법인은 4월)
세율	6~45%	9~24%
불이행 시 불이익	· 신고불성실가산세 · 납부지연가산세	좌동

* 중개법인에 대한 세무 처리법은 제8장에서 다루고 있다.

ⓔ 중개사무소의 관점에서는 장부작성 여부, 비용 처리의 한계, 적정 소득세 납부 등이 이슈로 등장한다.

3. 원천세

원천징수 대상 소득을 개인과 법인에 지급하는 자는 원천징수를 하고 이를 기한 내에 신고해야 한다. 또한, 이에 대한 지급명세서는 별도의 기한 내에 제출해야 한다.

구분	개인에 지급하는 경우	법인에 지급하는 경우
근거 법령	소득법 제127조	법인법 제73조
과세 기간	수시	좌동
원천세 신고	다음 해 10일(또는 반기 마지막 달의 다음 달 10일)	좌동
불이행 시 불이익	가산세(Min[3%+미납세액×미납일 수× 2.2/10,000, 10%])	좌동

🔵 중개사무소의 관점에서는 중개보조원의 소득 분류, 알선수수료, 권리금 등의 지급과 관련해 다양한 쟁점이 발생한다.

Tip · 용어의 정의

1. 부가세 관련

• 공급가액과 공급대가 : 부가세가 포함되어 있지 않은 금액을 공급가액, 포함된 금액을 공급대가로 부른다. 전자는 주로 일반과세자, 후자는 간이과세자의 매출세액을 계산할 때 필요하다.

• 부가가치율(부가율)과 부가가치세율(부가세율) : 전자는 어떤 업종의 평균 마진율을 말하며, 간이과세자의 매출세액을 계산하는 데 사용된다. 한편 부가세율은 10%로 고정되어 있다.

– 일반과세자의 매출세액 : 공급가액×10%

– 간이과세자의 매출세액 : 공급대가×업종별 부가율*×10%

　* 부동산 중개업의 부가율은 40%이므로 간이과세자는 공급대가의 4%를 부가세로 내야 한다(단, 공급대가가 연간 4,800만 원에 미달 시는 납부면제가 됨).

2. 소득세 관련

• 수입금액 : 재화나 용역을 제공하고 받은 대가를 소득법에서는 수입금액으로 부르고 있다(회계상의 용어로는 매출). 이 책에서는 수입금액을 매출과 혼용해서 사용하고 있다.

• 소득금액 : 소득은 경비를 제외하기 전의 금액을 말하며, 소득금액은 소득에서 경비를 공제한 금액을 말한다. 소득과 소득금액은 차이가 있음을 알아두자.

중개사무소와
부가가치세 과세 방식

앞에서 본 부동산 중개업에 대한 세제 중 부가가치세(부가세)를 조금 더 자세히 살펴보자. 부가세는 간접세에 해당하므로 중개사무소의 세후 이익과는 관계가 없지만, 실수가 발생할 가능성이 큰 세목에 해당한다. 다양한 제도가 복잡하게 얽혀 있기 때문이다. 이러한 관점에서 다음의 내용을 알아보자.

1. 중개사무소 과세사업의 유형

중개업은 크게 일반과세자와 간이과세자로 구분해서 부가세가 과세된다. 그런데 여기에서 주의할 것은 간이과세자 중 공급대가가 4,800만 원 이상~8,000만 원 미만인 사업자*에 대한 과세 방식이다. 이 경우, 4,800만 원에 미달하는 간이과세자와는 약간 다른 방식으로 부가세 제도를 적용하고 있다.

* 이 책에서는 4,800~8,000만 원 미만의 간이과세자를 세금계산서 발행 간이과세자, 4,800만 원 미만의 간이과세자를 일반 간이과세자로 부르고 있다. 참고로 앞의 '8,000만 원'은 2024년 7월 1일부터 1억 400만 원으로 상향조정될 예정이다. 물론 이렇게 금액이 올라가면 8,000만 원~1억 400만 원 사이의 사업자들은 일반과세자에서 간이과세자로 바뀌게 된다.

1) 일반과세자

일반과세자는 연간 수입금액이 8,000만 원 이상인 중개사무소로 다음과 같이 부가세를 징수해 납부한다. 신고 주기는 상반기와 하반기 등 2회로 나누어진다.

구분	금액	비고
매출세액	×××	공급가액×10%
-매입세액	×××	세금계산서상의 매입세액
-각종 세액공제	×××	예정 고지세액, 현금영수증 등 발행공제* 등
=납부세액	×××	환급 가능함.

* 보통 신용카드 매출전표 등 발행공제로 부르나, 중개업의 경우 현금영수증을 발행한 경우가 많아 이 책에서는 현금영수증 등 발행공제로 부르기도 한다.

ⓒ 중개업을 영위하는 일반과세자는 세금계산서나 신용카드 매출전표(카드전표) 또는 현금영수증상의 매출세액에서 중개업을 영위하면서 부담한 매입세액과 현금영수증 등 발행공제(1.3%, 1,000만 원 한도) 등을 공제한 금액을 부가세로 납부하게 된다. 이때 공제금액이 더 큰 경우에는 그 초과금액을 환급받을 수 있다.

2) 간이과세자

간이과세자는 일반 간이과세자와 세금계산서 발행 간이과세자로 구분해서 살펴볼 수 있다.

① 일반 간이과세자

연간 매출액이 4,800만 원(월 400만 원)에 미달하는 사업자는 다음과 같은 방식으로 부가세를 계산한다. 그런데 이때 납부세액이 나오더라도 간이과세자는 납부할 세액이 없다. 연간 4,800만 원에 미달하면 납부를 면제하기 때문이다.

구분	금액	비고
매출세액	×××	공급대가×업종별 부가율*×10%
-공제세액	×××	세금계산서 등 수취공제, 현금영수증 등 발행공제 등
=납부세액	×××	환급되지 않음.

* 부동산 중개업의 부가율은 40%다. 따라서 이 40%에 부가세율 10%를 곱하면 중개업을 영위하는 간이과세자의 최종 부가세율은 4%가 된다.

☞ 중개업의 연간 공급대가가 4,800만 원(월 400만 원) 미만에 해당하면 앞과 같이 신고는 하되, 납부세액은 없는 것으로 한다.

② (세금계산서 발행) 간이과세자

세금계산서를 발행해야 하는 간이과세자는 연간 매출이 4,800~8,000만 원(2024.7.1 1억 400만 원) 미만의 사업자를 말한다. 이러한 사업자는 세금계산서 발행 의무가 있으나, 부가세 신고는 앞에서 본 간이과세자의 방식대로 해야 한다. 다만, 이 사업자는 부가세 납부면제는 받을 수 없으며, 예정 신고 의무가 있다는 점에서는 앞의 간이과세자와 차이가 있다.

구분	금액	비고
매출세액	×××	공급대가×업종별 부가율×10%
-공제세액	×××	예정부과세액, 세금계산서 등 수취공제, 현금영수증 등 발행공제 등
=납부세액	×××	환급은 되지 않음.

☞ 중개업의 매출액이 4,800~8,000만 원 이내에 있는 경우 간이과세자이지만, 공급가액의 10%를 부가세로 해서 세금계산서 등을 발행해야 함에 유의해야 한다. 다만, 부가세 신고는 간이과세자의 방식으로 해야 하므로 이때에는 공급대가(공급가액+부가세)에 업종별 부가율과 10%를 곱해 매출세액을 계산하게 된다. 이에 대한 신고사례는 제4장에서 살펴본다.

2. 일반과세자와 간이과세자 중 선택

일반과세자와 간이과세자 중 어떤 경우에는 일반과세자가 유리하고 어떤 경우에는 간이과세자가 유리할 수 있다. 그렇다면 납세자는 이 둘 유형 중 하나를 선택할 수 있을까?

1) 개업 시

중개업의 경우 개업 초기에는 이 둘 중 하나의 유형을 선택할 수 있다. 개업 당시에는 매출액이 얼마가 될지 모르기 때문에 납세자에게 선택권을 주고 있기 때문이다. 그렇다면 이때 어떤 기준으로 선택하는 것이 좋을까? 이에 대한 절대적인 답은 없지만, 연간 매출액이 8,000만원(과세 유흥장소 및 부동산 임대업사업자는 4,800만 원)에 미달할 것으로 예상하는 소규모사업자의 경우에는 간이과세자로 등록하는 것이 좋을 것으로 보인다. 이 수준은 부가세 부담이 많지 않아 소비자들이 선호하기 때문이다. 다만, 초기 투자비가 큰 경우에는 투자비에 대한 부가세 환급을 위해 일반과세자로 등록하는 것이 유리할 수 있다. 이 외에도 주로 사업자와 거래할 때는 세금계산서를 요구하므로 이때에도 일반과세자로 시작하는 것이 좋다.

2) 개업 후

개업 후에는 전년도의 매출액에 따라 일반과세자 또는 간이과세자로 변경되므로 자발적으로 선택할 수 있는 것이 아니다. 다만, 간이과세자는 언제든지 이를 포기하고 일반과세자로 할 수 있다(일반과세 포기는 할 수 없음).

구분	일반과세자	간이과세자	
		일반 간이과세자	세금계산서 발행 간이과세자
기준금액	1년간의 매출액 8,000만 원 (2024.7.1 1억 400만 원) 이상	1년간의 공급대가 4,800만 원 미만	1년간의 공급대가 4,800~8,000만 원 미만
영수증 발행	세금계산서, 카드전표, 현금영수증	일반영수증	세금계산서, 카드전표, 현금영수증
과세 기간	1.1~6.30, 7.1~12.31 (2 과세 기간)	1.1~12.31(1 과세 기간)	
세액계산	매출세액(매출액의 10%) – 매입세액 = 납부세액	(공급대가×업종별 부가율*×10%) – 공제세액** =납부세액 * 중개업 : 40% ** 공제세액=매입액(공급대가)×0.5%	
납부면제	없음.	1년간의 매출액이 4,800만 원 미만 시 면제	없음.
확정신고· 납부 기한	· 1 과세 기간 : 7월 25일 · 2 과세 기간 : 다음 해 1월 25일	다음 해 1월 25일	
예정 고지· 납부	4월 25일, 10월 25일 2회 납부(50만 원 이상 시) ※ 사업부진 시 신고 가능	–	7월 25일 1회 납부 (50만 원 이상 시) ※ 4,800~8,000만 원 이하의 사업자에 한함.*

* 상반기에 세금계산서를 발행한 간이과세자는 7월 25일까지 의무적으로 부가세 신고를 해야 한다. 거래 상대방의 매입세액공제를 위해서다. 간이과세자 등의 부가세 예정신고 등에 대해서는 142페이지의 Tip 을 참조하기 바란다.

※ 매출 수준별 부가세 제도

구분	과세자 구분	부가세 납부	세금 계산서 발행 의무	10만 원 이상 현금영수증 의무발행	매입세액 공제	현금 영수증 등 발행공제
4,800만 원 미만	간이 과세자	면제	없음.	있음 (부가세 4%).	매입가× 0.5% 공제	가능
4,800~ 8,000만 원 미만	세금계산서 발행 간이과세자	납부	있음.	있음 (부가세 10%).	매입가× 0.5% 공제	가능
8,000만 원 이상	일반과세자	납부	있음.	있음 (부가세 10%).	전액 공제	가능(10억 원 이하는 제외)

🔵 과세유형의 변경(일반→간이, 간이→일반)에 따른 세무상 쟁점은 제4장에서 살펴본다.

중개사무소와
소득세 과세 방식

앞에서 본 중개업의 3대 세금 중 중개사무소의 관점에서는 소득세가 가장 의미가 크다. 본인의 세후 이익과 관련이 있기 때문이다. 따라서 이들은 자신의 소득과 관련된 과세 방식을 제대로 이해할 필요가 있다. 다만, 이를 이해하기 위해서는 먼저 소득법에 열거된 소득의 성격에 따라 종합과세하는지, 분류과세하는지부터 알아야 한다. 또한, 종합소득에 해당하는 경우라도 비과세와 분리과세 적용 여부도 함께 파악하는 것이 좋다.

1. 소득세법상 소득의 종류

먼저 소득법상 소득의 종류를 구분해보고 이들 소득에 대한 과세 여부를 살펴보자.

1) 소득법에 열거된 소득

소득법 제4조 제1항에서는 개인의 소득을 다음과 같이 열거하고 있다.

① 거주자의 소득은 다음 각호와 같이 구분한다.

1. 종합소득

이 법에 따라 과세되는 모든 소득에서 제2호, 제2호의 2 및 제3호에 따른 소득을 제외한 소득으로서 다음 각 목의 소득을 합산한 것을 말한다.

　가. 이자소득

　나. 배당소득

　다. 사업소득

　라. 근로소득

　마. 연금소득

　바. 기타소득

2. 퇴직소득

2의 2. 금융 투자소득

3. 양도소득

앞의 퇴직소득, 금융 투자소득(2025년 시행 예정)과 양도소득은 종합소득에서 제외해서 별도로 과세한다. 이러한 과세 방식을 분류과세*라고 한다.

* 소득의 성격이 종합소득과는 달리 투자나 장기간에 발생하므로 별도의 구조로 과세한다.

2) 종합소득에 대한 과세 여부

앞에서 열거된 종합소득에 대해서는 무조건 합산해 과세하는 것이 아니라, 다음과 같은 절차를 거쳐 최종 종합과세소득을 추출한다.

구분	내용	비고
비과세소득	국가가 과세권을 포기해 소득세가 부과되지 않는 소득을 말한다.	· 작물재배업 소득 · 주택임대소득(1주택, 12억 원 이하) 등
▼		
분리과세소득	해당 소득만을 가지고 독자적인 세율(원천징수 세율)로 과세하는 소득을 말한다.*	· 일용직 근로소득 · 주택임대소득(2,000만 원 이하) · 기타소득 등
▼		
종합과세소득	위에 해당하지 않는 소득을 모아 6~45%로 과세하는 소득을 말한다.	· 위 외 근로소득, 사업소득 등

* 분리과세소득 중 일부(주택임대소득 등)는 납세자가 분리과세와 종합과세 중 유리한 것을 선택할 수 있다.

이러한 내용을 표로 다시 요약하면 다음과 같다.

소득 종류	종합과세	분리과세	
		분리과세	분리과세와 종합과세 중 선택 가능 여부
이자소득	원칙	이자와 배당소득을 합해서 연간 2,000만 원 이하 시(14%, 25%)	불가
배당소득			
사업소득		주택임대소득 : 연간 2,000만 원 이하 시 분리과세(14%)	가능
근로소득		일용직 근로소득 : 무조건 분리과세(6%)	불가
연금소득		사적연금소득 : 연간 수령액이 1,500만 원 이하 분리과세(3~5%)	불가*
기타소득		기타소득 금액 300만 원 이하 시 분리과세	가능

* 사적연금소득의 수령액이 1,500만 원 초과 시는 종합과세가 원칙이나 15%의 세율로 분리과세를 선택할 수 있다.

💬 독자들은 소득의 종류를 정확히 파악한 후, 그에 맞는 과세 방식을 제대로 이해하는 것이 좋다. 특히 주택임대소득, 연금소득, 기타소득 중 일부는 분리과세와 종합과세 중 유리한 것을 선택할 수 있도록 하고 있음도 알아두자.

2. 중개사무소 소득의 종류, 그리고 과세 방식

앞의 내용을 바탕으로 중개업에 대한 소득의 종류와 이에 대한 과세 방식을 정리해보자.

1) 중개업 소득만 발생한 경우

중개업 소득은 사업소득에 해당하므로 모두 종합소득으로 분류한다. 그런데 이에 대해서는 비과세나 분리 과세되는 소득은 열거되어 있지 않으므로 모두 6~45%로 종합과세한다.

💬 여기서 주의해야 할 것은 부가법상 간이과세자인지, 일반과세인지의 여부와 관계없이 소득세는 무조건 종합소득세로 과세한다는 점이다. 물론 종합소득세가 얼마나 나올 것인지는 별개의 문제가 된다.

2) 중개업 소득 외 소득도 발생한 경우

중개업 외에 다른 종합소득이 발생한 경우에는 앞에서 본 과세 방식을 그대로 적용해야 한다. 예를 들어, 부동산 임대업도 같이 영위할 때는 중개업 소득과 임대업 소득을 합산해 종합과세를 적용해야 한다. 그런데 만일 중개업 소득 외에 기타소득 금액*이 300만 원 이하로 발행한 경우에는 해당 기타소득은 분리과세로 종결시킬 수 있고, 아니면 본인의 선택에 따라 이를 중개업 소득과 합산해 종합과세로 신고할 수도 있다.

* 소득금액이란 수입(소득)에서 필요경비(기타소득은 60% 선)를 공제한 금액을 말한다. 소득금액은 소득(수입)과 구분되는 세법상의 용어에 해당한다.

● 중개업에 대한 소득세를 어떤 식으로 결정하는지, 그리고 이를 둘러싼 다양한 세법상의 제도에 대해서는 제7장에서 상세히 살펴볼 것이다.

Tip 　　　　　　　**고소득 중개사무소의 절세법**

소득이 많은 중개사무소의 소득세는 생각보다 많을 수 있다. 예를 들어 순소득이 1억 원 정도가 된다면, 소득세는 2,000만 원 정도 된다. 그렇다면 이러한 소득세를 줄이는 방법에는 무엇이 있을까? 우선, 수입을 분산하는 방법이 있을 수 있다. 하지만 개인은 1인 사무소만 만들 수 있으므로 소득세 절세가 쉽지 않다. 그래서 그 대안으로 중개법인을 생각하는 때도 있다. 법인세율은 9~24%가 적용되기 때문이다. 제8장을 참조하기를 바란다.

중개사무소와
원천세 과세 방식

　원천징수는 소득을 지급할 때 세법에서 정한 세율로 미리 세금을 떼고 잔액을 지급하는 제도를 말한다. 주로 지급받은 자가 개인에 해당하고 세금계산서 제도를 적용할 수 없는 경우, 강제적으로 소득을 노출하기 위한 제도에 해당한다. 중개업의 경우, 임직원이나 일용직, 중개보조원에 대한 수당 지급, 기타 위약금 등과 관련해서 이러한 업무가 발생한다.

1. 원천징수 흐름
　원천징수는 소득을 지급하는 자가 사업자등록을 하지 않았더라도 세법상 원천징수 대상 소득으로 지정되어 있다면 무조건 의무를 이행해야 하는 제도에 해당한다. 원천징수 대상 소득과 세율을 대략 살펴보면 다음과 같다.

구분	개인에 지급하는 경우	법인에 지급하는 경우
원천징수 대상 소득	· 이자· 배당소득 · 근로소득 · 사업소득(열거소득*에 한함) · 연금소득 · 기타소득 · 퇴직소득 · 봉사료소득 · 금융 투자소득 등	· 이자소득 · 배당소득 중 투자 신탁 이익
원천징수 세율	3%, 5%, 25% 등 다양	14%, 25% 등
원천세 신고	소득을 지급한 달의 다음 달 10일(반기별 신고자는 반기 마지막 달의 다음 달 10일)	
지급명세서제출	법에서 정한 기간(5장 참조)	

* 소득법 제26조 제1항에 열거된 것들로 이 항 제15호에는 프리랜서인 중개보조원의 수당도 포함한다(이에 대한 자세한 내용은 제5~제6장을 참조할 것).

2. 중개사무소의 원천징수

중개사무소에서는 다음과 같은 방식으로 원천징수 의무를 이행하게 된다.

구분	세율	비고
임직원을 고용하는 경우	간이세액표에 따름.	
일용직을 고용한 경우	6.6%	
중개보조원을 고용한 경우*	간이세액표에 따름.	단, 프리랜서에 해당하는 경우 3.3%
알선수수료를 지급하거나 계약 관련 위약금을 지급한 경우	기타소득 금액의 22%	

* 중개보조원에게 지급되는 소득이 근로소득인지 사업소득인지의 구분은 제5~제6장에서 다루고 있다.

예를 들어, 프리랜서인 중개보조원에게 100만 원의 수당을 지급하는 경우 다음과 같이 원천징수를 한다.

- 100만 원×3.3%=3만 3,000원

그리고 100만 원에서 이를 제외한 96만 7,000원을 지급하게 된다.

3. 원천징수의 효과

정부의 입장에서는 원천징수를 통해 다양한 효과를 거두고 있다. 예를 들어, 세수를 조기에 확보하는 한편 원천징수 자료를 바탕으로 하는 소득세 신고를 독려할 수 있다. 그렇다면 원천징수 소득을 지급하는 쪽과 받는 쪽은 어떤 효과가 있을까?

1) 지급자

소득을 지급하는 자가 사업자이면, 이는 사업자의 경비로 인정된다. 예를 들어, 1,000만 원의 수입금액 중 300만 원을 수당으로 지급하면 다음과 같은 효과가 발생한다. 세율은 24%를 적용해보자.

구분	금액	비고
수입	1,000만 원	이 금액을 기준으로 세금계산서 등을 발행하게 됨.
−비용	300만 원*	
=이익	700만 원	
×세율	24%	
=산출세액	168만 원	

* 300만 원에서 원천징수 세액 9만 원(지방소득세 포함 시 9.9만 원)을 차감한 잔액을 지급하게 된다.

만일 원천징수를 이행하지 않으면 비용 처리를 할 수 없는가?

아니다. 할 수는 있다. 다만, 이 경우 원천징수 불이행에 따른 가산세와 지급명세서 미제출에 따른 가산세 등이 부과될 수 있다.

2) 지급받는 자

소득을 지급받는 자는 소득의 성격에 따라 종합과세 등의 형태로 소득세가 과세된다. 예를 들어, 앞의 소득이 사업소득에 해당한다면 다음과 같이 종합과세가 적용된다. 비용이나 종합소득공제 등은 무시하고 이의 구조를 계산해보자.

구분	금액	비고
수입금액	300만 원	
-비용	0원	
=이익	300만 원	
×세율	6%	
=산출세액	1만 8,000원	
-기납부세액	9만 원	3%의 원천징수 세액을 말함.
=결정세액	△7만 2,000원	

❸ 원천징수할 때는 지급하는 쪽과 지급받는 쪽 양쪽에서 다양한 효과 분석을 하는 것이 중요하다.

Tip	지급받는 자의 소득세 정산 방법 등

구분	정직원	일용직	프리랜서
원천징수	간이세액표	15만 원 초과분 6.6%	3.3%
4대 보험	사무소 1/2 부담	없음.	없음.
세금 정산	2월 연말정산	없음.	5월 소득세 정산

공인중개사무소가 세법상의 불이익을 방지하거나 어떤 세제 혜택을 받을 수 있는지 등을 살펴보기 전에 한국표준산업분류표와 세법상 부동산 중개업의 분류, 그리고 중개업에 대한 세법의 적용 등에 대해 알아보자.

1. 한국표준산업분류표와 부동산 중개업

세법의 업종은 통계청에서 마련하고 있는 한국표준산업분류표상의 산업분류를 그대로 사용하고 있다. 따라서 세법에서 어떤 업종을 언급할 때는 이 표상의 업종의 범위를 반드시 확인하는 것이 좋다. 세법에서는 업종에 대해서는 별도로 정의하고 있지 않기 때문이다.

1) 표준산업분류표에서 업종 찾는 요령

이 분류표에서 부동산 중개업을 찾기 위해서는 다음과 같은 절차에 따라야 한다.

▶ 통계분류포탈(검색)>한국표준산업분류 분류검색>분류검색 또는 해설서

2) 표준산업분류표상의 부동산 중개업 분류

위의 절차에 따라 부동산 중개업을 검색하면 다음과 같은 내용을 확인할 수 있다.

※ 중개업의 분류체계

대분류	중분류	소분류	세분류	세세 분류
L 부동산업(68)	68. 부동산업	682. 부동산 관련 서비스업	6821. 부동산 중개, 자문 및 감정평가업	68221. 부동산 중개 및 대리업

앞에서 대분류는 '업태'를 세세 분류는 사업의 형태를 말한다. 후자를 종목이라고도 한다. 그렇다면 중개업의 구체적인 사업 내용은 무엇인지 이 부분을 확대해보자.

분류 내용 보기			
차수	10	분류 코드	68221
분류명	부동산 중개 및 대리업 Real estate agents and brokers		
설명	수수료 또는 계약에 의해 건물, 토지 및 관련 구조물 등을 포함한 모든 형태의 부동산을 구매 또는 판매하는 데 관련된 부동산 중개 또는 대리 서비스를 제공하는 산업활동을 말한다. 〈예시〉 · 토지 판매 중개 서비스 · 부동산 판매 대리업 · 건물 거래 중개업 · 부동산 임대 중개업 · 토지 임대 중개업 · 부동산 소유권 조사 서비스 〈제외〉 · 부동산 중개, 대리 계약과 관련 없이 투자와 관련해 독립적으로 실시되는 자문 서비스업(68222)		
색인어	건물 분양 대행(아파트, 상가 등), 건물 판매 중개 및 대리 서비스, 건물 매매 중개, 공인중개사 사무소		

표의 설명 부분을 보면 부동산 중개업의 사업 범위가 열거되어 있음을 알 수 있다.

2. 세법상 업종코드와 부동산 중개업

세법은 사업자등록이나 경비율 제도 등을 운영하기 위해 표준산업분류표의 분류코드를 세법상의 업종코드로 변환시켜 세원 관리를 하고 있다. 따라서 사업자등록을 하거나 업종별 경비율 등을 확인하기 위해서는 이 업종코드를 알고 있어야 한다.

1) 세법에서 업종코드를 찾는 방법

세법에서 중개업에 대한 업종코드를 찾기 위해서는 다음과 같은 절차에 따라야 한다.

▶ 홈택스(검색)/세금 신고＞종합소득세 신고＞신고 도움 자료 조회＞기준·단순경비율(업종코드) 조회

또는

▶ (사업자등록 시) 홈택스(검색)/사업자등록＞사업자등록 신청＞업종코드

2) 세법상의 중개업 분류

앞의 절차에 따라 중개업의 업종코드를 검색하면 다음과 같은 내용을 얻을 수 있다.

※ 중개업의 업종코드 체계

ㄴ 부동산업

70 부동산업

702 부동산 관련 서비스업

코드 번호	세 분류	세세 분류	단순 경비율*	기준 경비율*
	부동산 중개, 자문 및 감정평 가업	부동산 중개 및 대리업	71.5	22.6
702001	• 수수료 또는 계약 때문에 건물, 토지 및 관련 구조물 등을 포함한 모든 형 태의 부동산을 구매 또는 판매하는 데 관련된 부동산 중개 또는 대리 서 비스를 제공하는 산업활동을 말한다. 〈예시〉 · 토지 판매 중개 서비스　· 부동산 판매 대리업　· 건물 거래 중개업 · 부동산 임대 중개업　　· 토지 임대 중개업　　· 부동산 소유권 조사 서비스 〈제외〉 · 부동산 중개, 대리 계약과 관련 없이 투자 관련 독립적으로 실시되는 자문 서비스업(702004) ▶ 부동산 투자 자문업 : 단순경비율 78.0%, 기준경비율 28.5%			

* 원래 이 기준경비율 및 단순경비율은 소득세법 제80조 제3항 단서에 따른 소득금액 추계
결정 또는 경정을 하거나 법인세법 제66조 제3항 단서에 따른 추계결정 또는 경정을 하는
경우에 적용한다. 한편 업종코드는 사업자 등록할 때에도 필요하다.

　　중개업에 대한 업종코드는 '702001'이 해당한다. 참고로 중개업에
대한 업종코드를 한국표준분류표의 코드와 비교해보자.

※ 부동산 중개업의 업종코드 구조

업종코드		표준산업 분류	
자릿수	코드 번호	분류 단계(코드)	분류명
①	L	대분류(L)	부동산업
②	70	중분류(68)	부동산업
③	702	소분류(682)	부동산 관련 서비스업
④	7020	세분류(6821)	부동산 중개, 자문 및 감정평가업
⑤~⑥	702001	세세 분류(68221)	부동산 중개 및 대리업

3. 중개업에 대한 세법의 적용

현행 부가법, 소득세(법인세)법, 조특법 등에서는 업종에 따라 다양한 규정을 두고 있다. 이러한 제도에 대해 중개업은 어떤 식으로 관계하는 지 정리하면 다음과 같다(단, 이 외 상증법 등은 제외).

구분	내용	중개업
부가법	· 간이과세 배제 업종(일반과세자로 과세) · 간이과세자 업종별 부가가치율(매출세액 계산용도)	· 가능 · 40%
소득세법	· 소비자 상대 업종(현금영수증 의무발급 등) · 장부작성 의무(간편장부, 복식장부) · 경비율 제도(단순경비율, 기준경비율) · 성실신고확인 제도(업종별) · 접대비(중소기업 업종 한도 우대)	· 해당 · 있음. · 해당 · 해당 · 중소기업
법인세법	· 접대비(중소기업 업종 한도 우대) · 부동산 임대업(업무용 승용차 비용규제, 법인 성실신고확인 제도)	· 중소기업 –
조특법	· 중소기업 업종(세액감면 등 적용) · 각종 세액공제(사치성 서비스 업종 제외) · 각종 세액감면(열거 업종에 적용) 등	· 해당 · 가능 · 불가능

중개업은 간이과세자로 시작할 수 있으며, 접대비도 중소기업으로 보아 한도를 늘릴 수 있다. 그러나 창업중소기업 세액감면이나 중소기업 특별세액감면은 감면 업종에서 제외되어 이를 받을 수 없다.

일반적으로 앞에서 본 업종을 중소기업이 운영하면 일반기업보다 다양한 세제 혜택을 받을 수 있다. 따라서 중개사무소를 포함한 사업자들은 본인이 영위하는 업종이 세법상 중소기업에 해당하는지부터 확인할 필요가 있다. 다음에서는 세법상 중소기업에 관련된 세제 혜택과 중개업도 이러한 혜택을 받을 수 있는지 살펴보자.

1. 중소기업과 세법의 적용

1) 소득세(법인세)법

세법은 앞에서 본 다양한 업종을 개인이 운영하면 소득세법, 법인이 운영하면 법인세법을 획일적으로 적용하고 있다. 따라서 이 법들에서는 굳이 중소기업 여부를 따지지 않는다. 다만, 접대비에 한해서는 규제의 필요성이 있다고 보아 중소기업과 일반기업을 구분해 다음과 같이 기본한도를 정하고 있다.

▶ 조세특례제한법 제6조 제1항*에 따른 중소기업 : 3,600만 원

▶ 이 외의 일반기업 : 1,200만 원

* 이는 구체적으로 조특령 제2조 제1항에서 다음 각호의 요건을 모두 갖춘 기업을 말한다. 다만, 자산총액이 5,000억 원 이상이면 중소기업으로 보지 않는다.
  • 매출액이 업종별로 중소기업기본법 시행령 별표 1에 따른 규모 기준 이내일 것(부동산 중개업은 400억 원 이하로 되어 있음)
  • 실질적인 독립성이 중소기업기본법 시행령 제3조 제1항 제2호에 적합할 것
  • 소비성 서비스업**을 주된 사업으로 영위하지 아니할 것

** 이는 다음을 말한다.
  - 호텔업 및 여관업(관광진흥법에 따른 관광숙박업은 제외한다)
  - 주점업(일반 유흥주점업, 무도 유흥주점업 및 식품위생법 시행령 제21조에 따른 단란주점 영업만 해당하되, 관광진흥법에 따른 외국인 전용 유흥음식점업 및 관광 유흥음식점업은 제외한다)
  - 그 밖에 오락·유흥 등을 목적으로 하는 사업으로서 기획재정부령으로 정하는 사업

← 법인세법도 소득법과 같은 내용으로 접대비 기본한도를 정하고 있다.

2) 조세특례제한법

조세특례제한법(조특법)은 앞의 소득법 등에서 규정하지 않은 내용에 대한 조세특례나 이를 제한하는 내용을 담고 있다. 대표적인 것이 중소기업 특별세감면이나 투자나 고용에 따른 투자 세액공제 등이 있다. 그렇다면 세법상 중소기업 여부가 이들에 어떤 영향을 주고 있을까?

① 세액감면

세액감면은 중소기업 등이 벌어들인 소득에 대한 소득세나 법인세를 5~100% 사이에서 감면하는 제도를 말한다. 대표적으로 창업중소기업 세액감면과 중소기업 특별세액감면 등이 있다. 그러나 앞에서 본 중소기업에 해당하기만 하면 무조건 이 제도를 적용하는 것은 아니다. 무분별한 감면을 억제하기 위해서다.

← 이러한 세액감면은 중소기업 업종에서도 감면이 필요한 업종만 최소화해서 적용한다.

② 투자 세액공제

기업이 투자나 고용을 늘리는 것은 장려할 일이다. 이에 세법은 기업이 이러한 활동을 하면 투자액의 3~50%에 상당하는 세액을 공제하거나 1인당 400~1,550만 원 같은 식으로 세액공제를 적용한다. 이때 중소기업은 일반기업보다 높은 공제율이나 공제금액을 적용한다.

← 이러한 세액공제는 사치성 서비스업 정도만 배제하고 대부분 업종에 대해 이를 적용한다. 투자나 고용은 장려의 대상이기 때문이다.

2. 부동산 중개업의 중소기업 해당 여부

그렇다면 중개업은 세법상 중소기업 업종에 해당할까? 앞에서 본 내용을 좀 더 구체적으로 살펴보자.

1) 소득세(법인세)법

접대비 한도 적용을 위한 소득세(법인세)법상 중소기업에는 중개업을 포함한다. 따라서 중개업은 연간 3,600만 원까지 접대비를 지출할 수 있다(월 300만 원).

2) 조세특례제한법

조특법상 창업중소기업 세액감면이나 중소기업 특별세액감면의 적용 대상에는 중개업이 열거되어 있지 않다. 다만, 세액공제 대상에는 중개업을 포함하고 있다.

① 창업중소기업 세액감면

다음의 업종을 영위하는 중소기업에 대해 5년간 감면소득에서 발생한 소득세(법인세)의 5~100%를 감면하는 제도를 말한다.

마. 제조업

사. 건설업

아. 도매 및 소매업

자. 운수업 중 여객운송업

차. 출판업 등

▶ 중개업 : 해당 사항이 없음.

② 중소기업 특별세액감면

다음의 업종을 영위하는 중소기업에 대해 매년 감면소득에서 발생한 소득세(법인세)의 5~30%를 감면하는 제도를 말한다.

> 2. 제조업
> 4. 건설업
> 5. 통신판매업
> 7. 음식점업 등

▶ 중개업 : 해당 사항이 없음.

③ 각종 세액공제

기업이 기계장치 등 사업용 유형자산에 투자하면 기본적으로 10%(일반기업은 1%)를 투자 세액공제로 적용한다. 이때 적용 대상에서는 중개업도 포함한다. 다만, 중개업은 공제 대상인 기계장치 등에 투자하는 것과 거래가 멀기 때문에 이 공제는 적용할 여지가 없다. 한편, 고용 세액공제는 다음과 같이 중소기업에 해당하면 최고 1,550만 원을 3년간 적용하는데, 이때 중개업도 중소기업에 포함한다.

구분	공제액 (단위:만 원)			
	중소(3년 지원)		중견 (3년 지원)	대기업 (2년 지원)
	수도권	지방		
상시근로자	850	950	450	–
청년 정규직(34세 이하), 장애인, 60세 이상, 경력단절 여성 등	1,450	1,550	800	400

구분	소비성 서비스업 (소비업)*	부동산 임대 및 공급업	이 외
창업중소기업 세액감면	× (중소기업 업종 아님)	× (미열거)	열거 업종에 한함 (18개)
중소기업 특별세액감면	× (중소기업 업종 아님)	× (미열거)	열거 업종에 한함
통합 투자 세액공제	× (소비업. 부동산임대· 공급업 제외)	× (소비업. 부동산임대· 공급업 제외)	제외 업종 외 모두 가능
통합 고용 세액공제	× (소비업만 제외)	○ (소비업만 제외)	제외 업종 외 모두 가능
연구개발비 세액공제	× (내용상 안 됨)	× (내용상 안 됨)	모두 가능

* 이는 아래의 업종을 말한다.

1. 호텔업 및 여관업('관광진흥법'에 따른 관광숙박업은 제외한다)

2. 주점업(일반 유흥주점업, 무도 유흥주점업 및 '식품위생법 시행령' 제21조에 따른 단란주점 영업만 해당하되, '관광진흥법'에 따른 외국인 전용 유흥음식점업 및 관광 유흥음식점업은 제외한다)

3. 그 밖에 오락·유흥 등을 목적으로 하는 사업으로서 기획재정부령으로 정하는 사업

제2장

• • • • •

중개업의 사업자등록과
장부작성 의무 등

중개사무소의 시작과
세무 절차

중개사무소는 관할 시·군·구청에 개설등록을 한 후 사업자등록을 내면 바로 사업을 시작할 수 있다. 하지만 본격적인 영업에 앞서 세법 등에서 요구하는 의무들을 점검하고 이에 대한 대비를 해두는 것이 좋다. 사업을 시작한 후에 이를 파악하려 한다면, 늦으면 늦을수록 손해를 볼 가능성이 크기 때문이다. 물론 여기서 손해는 가산세 등의 부담을 말한다. 다음에서는 중개업과 관련된 세무 절차를 먼저 알아보고 기본적으로 알아두어야 할 것들을 순차적으로 알아보자. 부가세나 소득세, 원천세 신고 등에 대해서는 별도의 장을 통해 알아볼 것이다.

※ 중개업의 세무 절차

절차		내용
사업 개시 전	개설등록	· 관할 시·군·구청
	▼	
	사업자등록	· 사업장이 있는 담당 세무서(2일 이내에 수령) · 준비서류 : 사업자등록 신청서, 인허가 사본, 임대차계약서 등
	▼	

절차		내용
사업 개시 전	사업개시 전 준비	· 카드단말기 설치, 현금영수증 가맹
		· 사업용 계좌 신고 · 사업자카드 등록 · 영수증 수취 의무 숙지 · 장부작성 의무 숙지 · 원천징수 대상 소득 파악 · 고용 관련 규칙 숙지 등
사업 개시 후	▼	
	원천세/ 4대 보험 신고	· 원천세 신고 · 직원 4대 보험 신고
		· 지급명세서 제출(매월 등)
	▼	
	부가세 신고	· 부가세 신고
	▼	
	소득세 신고	· 소득세 신고
폐업		

참고로 부가세와 소득세는 영수증 제도를 바탕으로 운용되고 있는데, 세목별로 이를 취급하는 태도에서 차이가 있다. 예를 들어, 부가세법은 세금계산서와 영수증에 대해 별도로 정의하고 있으나, 소득세법은 경비지출 시 증명서류의 하나로 세금계산서 등을 예시하고 있다.

부가법		소득세법	
부가세 납세 의무 이행		지출경비에 대한 입증수단	
세금계산서등*	공급받는 자의 사업자등록번호와 부가세가 별도로 기재된 계산서	정규영수증 (증명서류)***	세금계산서 등
영수증**	위의 내용이 별도로 기재되지 않은 계산서(공급대가로 표시)	정규영수증 외	3만 원 이하의 거래

* 부가법에서는 카드전표, 현금영수증을 세금계산서와 동일하게 취급한다.

** 영수증은 일반영수증을 의미한다. 금전등록기, 간이영수증도 이에 해당한다.

*** 소득세법에서는 세금계산서 등을 정규영수증으로 분류해 이를 수취하지 않으면 가산세 등을 부과하고 있다.

Tip	국세청 홈택스 소개

국세청 홈택스는 수많은 세무 정보는 물론이고 사업자등록 신청부터 각종 신고를 할수 있는 체제로 되어 있다. 다만, 장부작성 등은 여기에서 지원되지 않는다.

구분	주요 메뉴
전자(세금)계산서 현금영수증·신용카드	· 전자(세금)계산서 발급(수정, 조회) 전자(세금)계산서 수정발급 · 현금영수증/카드전표 발급(취소, 매출 조회) 등
국세증명·사업자등록 세금 관련 신청/신고	· 개인/법인 사업자등록 신청(정정 등) · 국세증명서류 발급
세금 신고	· 부가세(일반과세자, 간이과세자) 신고 · 부가세 신고도움 서비스(신고 도움 자료) · 종합소득세 신고(단순경비율, 일반신고 등) · 원천세 신고(근로소득 간이세액표 등) · 이 외 양도소득세, 법인세, 상속세, 증여세 신고 등
납부고지·환급	· 납부할 세액 · 납부내역 조회 등
지급명세서 자료 제출· 공익법인	· 과세자료 전산 매체 제출/내역 조회 · 부가세 관련 자료 제출 · 소득·법인세 관련 자료 제출 등
상담·불복·고충 제보·기타	· 인터넷 상담하기 · 전화상담 예약하기 등

▶ 홈택스 접근 : 홈택스〉 공인인증〉

중개사무소의
개설등록

중개사무소를 개설하기 위해서는 공인중개사법에서 규정하고 있는 절차를 먼저 밟아야 한다. 그리고 이후 사업자등록을 하는 것이 원칙이다. 다음에서는 개설등록에 관한 규정을 대략 살펴보고, 세법과의 관계에 대해 요약해보자.

1. 공인중개사법에 따른 개설등록

1) 개설등록

중개사무소는 사업자등록 신청 전에 관할 시·군·구청에 개설등록을 먼저 신청해야 한다. 다음의 규정을 참조하기를 바란다.

제9조(중개사무소의 개설등록)

① 중개업을 영위하려는 자는 국토교통부령으로 정하는 바에 따라 중개사무소(법인의 경우에는 주된 중개사무소를 말한다*)를 두려는 지역을 관할하는 시장(구가 설치되지 않은 시의 시장과 특별자치도 행정시의 시장을 말한다)·군수 또는 구청장에게 중개사무소의 개설등록을 해야 한다.

② 공인중개사(소속공인중개사는 제외한다) 또는 법인이 아닌 자는 제1항에

따라 중개사무소의 개설등록을 신청할 수 없다.

③ 제1항에 따라 중개사무소 개설등록의 기준은 대통령령으로 정한다.**

* 법인은 자본금 등의 요건이 추가되는데 이에 대해서는 제8장에서 살펴본다.
** 별도의 사무공간이 필요하며 위법건물은 사무공간으로 사용할 수 없다.

💬 중개사무소의 개설은 개인 단독사무소 또는 공동사무소, 법인사무소의 형태로 할 수 있다. 전자는 소득법, 후자는 법인법을 적용받는다.

2) 등록증의 교부

제11조(등록증의 교부 등)

① 등록관청은 제9조에 따라 중개사무소의 개설등록을 한 자에 대하여 국토교통부령으로 정하는 바에 따라 중개사무소등록증을 교부해야 한다.*

* 등록증 사본은 사업자등록에 필요하다.

3) 이중등록의 금지 등

공인중개사법 제12조에는 이중 사무소에 대해 규제를 하고 있다. 이중 제2항을 좀 더 자세히 보자.

제12조(이중등록의 금지 등)

① 개업공인중개사는 이중으로 중개사무소의 개설등록을 하여 중개업을 할 수 없다.

② 개업공인중개사 등은 다른 개업공인중개사의 소속공인중개사·중개보조원 또는 개업공인중개사인 법인의 사원·임원이 될 수 없다.*

* 개업공인중개사는 자신의 사무소에서만 공인중개사업을 할 수 있음을 의미한다. 그런데 개업공인중개사가 매매업이나 임대업 또는 기타 사업을 할 수 있는지, 그리고 중개법인이 아닌 매매법인이나 임대법인의 대표이사 등을 역임할 수 있는지가 궁금할 수 있다. 일단 앞의 규정을 보면

'공인중개사업'만 이중으로 하지 않으면 되는 것이므로 다른 업종은 영위할 수 있다고 볼 수 있다. 다만, 공인중개사법 제33조 제1항 제1호(아래 Tip 참조)에서는 중개대상물인 부동산 등을 매매할 수 없다고 하고 있다. 따라서 개업공인중개사는 매매업을 영위할 수 없다. 매매법인 등에 대해서는 제8장에서 다룬다.

2. 개설등록과 세법의 관계

1) 부가법

중개사무소는 부가법상 사업장을 말한다. 이에 부가법은 사업장이 있는 곳에서 사업자등록을 하도록 하고 있다. 예를 들어, 경기도 고양시 일산에서 개설등록한 경우에 이곳이 사업장이 되는 것이고, 이를 관할하는 세무서에 사업자등록을 하게 된다. 그리고 이곳의 관할 세무서가 납세지가 된다.

2) 소득법

소득에 부과되는 소득세는 사업자의 주소지 관할 세무서가 납세지가 된다.

☞ 부가법상의 납세지와 소득법상 납세지는 차이가 있다.

Tip	금지행위(공인중개사법 제33조)

① 개업공인중개사 등은 다음 각호의 행위를 하여서는 아니된다.

1. 제3조에 따른 중개대상물의 매매를 업으로 하는 행위*

   * 개업공인중개사는 매매업을 영위할 수 없다. 매매법인에 대해서는 제8장에서 다룬다.

2. 제9조에 따른 중개사무소의 개설등록을 하지 아니하고 중개업을 영위하는 자인 사실을 알면서 그를 통하여 중개를 의뢰받거나 그에게 자기의 명의를 이용하게 하는 행위

3. 사례·증여 그 밖의 어떠한 명목으로도 제32조에 따른 보수 또는 실비를 초과하여 금품을 받는 행위* 등

   * 이를 초과하여 계약한 것은 불법 계약은 아니나 부당이익에 해당하므로 반환 대상이 된다고 한다. 세법은 법정 보수료를 초과한 때도 특별한 문제로 삼지 않는다.

사업자등록
신청

중개사무소의 사업자등록은 개설등록을 끝냈다면 절차상 그렇게 어렵지 않다. 사업자등록 신청서를 관할 세무서의 창구나 홈택스를 통해 제출하면 그뿐이기 때문이다. 하지만 사업자등록을 신청하기 전에 몇 가지 점검할 것들이 있다. 다음에서 이에 대해 알아보고 절차 등을 요약해보자.

1. 신청서 작성 시 점검해야 할 것들

2. 사업장 현황								
업종	주업태		주종목		주생산 요소	주업종 코드	개업일	종업원 수
	부업태		부종목		부생산 요소	부업종 코드		
사업장 구분	자가 면적	타가 면적	사업장을 빌려준 사람 (임대인)			임대차 명세		
			성명 (법인 명)	사업자 등록 번호	주민 (법인) 등록 번호	임대차 계약 기간	(전세) 보증금	월세(차임)
	㎡	㎡					원	원

허가 등 사업 여부	[ ]신고 [ ]등록 [ ]허가 [ ]해당 없음	주류 면허	면허번호		면허 신청
					[ ]여 [ ]부
간이과세 적용 신고 여부	[ ]여 [ ]부	간이과세 포기 신고 여부		[ ]여 [ ]부	

1) 업종

업종은 업태와 종목을 말한다. 부동산 중개업의 업태는 '부동산업'이고 종목은 '중개업'이다. 그리고 이의 주업종 코드는 '702001'이다. 따라서 아래 신청서 양식에 다음과 같이 기재한다.

주업태	부동산업	주종목	중개업	주생산* 요소		주업종 코드
						702001
부업태		부종목		부생산 요소		부업종 코드

* 생산요소는 사업에 필요한 재화나 서비스를 생산하는 데 필요한 요소를 말하며, 이에는 노동·자본, 토지 등을 말한다. 사업자등록 신청 시 무시해도 된다.

▶ 중개업 : 홈택스 상의 업종코드에서 관련 정보를 조회할 수 있다.

귀속 연도	2022
기준경비율 코드*	702001
중분류명	부동산업
세분류명	부동산 중개, 자문 및 감정평가업
세세 분류명**	부동산 중개 및 대리업
업태명	부동산업
기준경비율(자가율적용 여부)	Y
기준경비율(일반율)	22.6000
기준경비율(자가율)	23.0000

단순경비율(자가율적용 여부)	Y
단순경비율(일반율)***	71.5000
단순경비율(자가율)	71.2000
적용 범위 및 기준	• 수수료 또는 계약에 의해 건물, 토지 및 관련 구조물 등을 포함한 모든 형태의 부동산을 구매 또는 판매하는 데 관련된 부동산 중개 또는 대리 서비스를 제공하는 산업활동을 말한다. 〈예시〉 · 토지 판매 중개 서비스 · 부동산 판매 대리업 · 건물 거래 중개업 · 부동산 임대 중개업 · 토지 임대 중개업 ·부동산 소유권 조사 서비스 〈제외〉 · 부동산 중개, 대리 계약과 관련 없이 투자와 관련해 독립적으로 실시되는 자문 서비스업(702004)

* 사업자등록 시 업종코드에 해당한다.

** 세세 분류명은 종목을 말한다.

*** 동종업계의 평균 경비율을 말하며, 100%에서 단순경비율을 차감하면 동종업계의 평균 소득률이 나온다. 중개업의 경우 수입금액(매출)의 28.5%가 평균신고율이 된다.

⬆ 중개업은 공인중개사법에서 금지하고 있는 업무 외에는 사업이 가능하므로 부업종이 있을 수 있다.

2) 사업장

중개사무소는 자가의 건물이나 임차의 건물 등 사무를 볼 수 있는 공간이 있어야 한다. 이러한 사업장을 관할하는 세무서에 사업자등록을 신청한다.

3) 간이과세 적용

중개업은 간이 과세배제 업종에 해당하지 않으므로 개업 초기에는 일반과세자와 간이과세자 중 하나를 선택할 수 있다. 일반적으로 개업 초기에는 간이과세자를 선호하나, 향후 연간 매출액이 8,000만 원을 넘어서면 간이과세에서 일반과세자로 과세유형이 바뀌게 됨에 유의해야 한다.

간이과세 적용 신고 여부	[ ]여 [ ]부	간이과세 포기 신고 여부*	[ ]여 [ ]부

* 간이과세 포기는 간이과세자로 사업자등록한 후 일반과세자로 할 필요성이 있을 때 발생한다. 예를 들어, 거래상대방이 세금계산서를 요구할 때 세금계산서를 발행하지 못하는 간이과세자는 간이과세를 포기하고 일반과세자로 유형을 변경할 수 있다(단, 변경 후 3년간은 다시 간이과세자가 되지 못하는 것이 원칙임).

2. 사업자등록 신청 방법

1) 사업자등록 신청 기한

사업개시일로부터 20일 이내에 관할 세무서에 신청한다. 다만, 신규로 사업을 하는 자는 사업개시일 전에 사업자등록을 할 수도 있다. 이는 사업준비 기간 중의 매입세액을 환급받을 수 있도록 하는 취지가 있다.

🔄 일반과세자의 사업자등록 신청은 늦어도 과세 기간(1.1~6.30. 또는 7.1~12.31) 종료일로부터 20일 이내에 신청하면 그 이전에 발생한 매입세액은 전액 공제를 받을 수 있다. 이때 세금계산서는 사업자의 주민등록번호를 기재해 발행받을 수 있다.

2) 신청 방법과 신청 서류

사업자등록은 각 세무서나 홈택스를 통해 신청할 수 있다. 참고로 세무대리인 등을 통해서도 할 수 있다. 다만, 이때에는 위임장이 있어야 한다.

※ 첨부 서류

1. 사업허가증 사본, 사업등록증 사본 또는 신고필증 사본 중 1부(법령에 따라 허가를 받거나 등록 또는 신고를 해야 하는 사업의 경우만 해당)

2. 임대차계약서 사본(사업장을 임차한 경우만 해당) 1부
3. 상가건물 임대차보호법이 적용되는 상가건물 일부분을 임차한 경우에는 해당 부분의 도면 1부
4. 자금출처명세서(금지금 도소매업 및 과세 유흥장소에의 영업을 하려는 경우만 해당) 1부

Tip 사업자등록번호 체계

사업자등록증상의 사업자등록번호는 일정한 체계를 가지고 있다. 일단 숫자는 10자리로 구성되는데, 일정한 기준에 따라 부여되고 있다.

① 세무서번호
② 구분코드(개인, 법인)

$$(\underset{①}{xxx} - \underset{②}{xx} - \underset{③}{xxxx} \underset{④}{x})$$

구분	코드	내용
개인 구분	01~79	개인 과세사업자는 특정 동구별 없이 순차적으로 부여
	80	다단계판매원 등
	90~99	개인 면세사업자는 산업 구분 없이 순차적으로 부여
	89	소득법 제2조 제3항에 해당하는 법인이 아닌 종교단체
법인 성격 코드	81,86,87,88	영리법인의 본점
	82	비영리법인의 본점 및 지점 (법인격 없는 사단, 재단, 기타 단체 중 법인으로 보는 단체를 포함)
	83	국가, 지방자치단체, 지방자치단체조합
	84	외국 법인의 본·지점 및 연락사무소
	85	영리법인의 지점

③ 일련번호코드(4자리)

과세사업자(일반과세자·간이과세자), 면세사업자, 법인사업자별로 등록 또는 지정일자 순으로 사용 가능한 번호를 0001~9999로 부여한다.

④ 검증번호(1자리)

전산시스템에 의해 사업자등록번호의 오류 여부를 검증하기 위해 1자리의 검증번호를 부여한다.

신용카드 또는 현금영수증 가맹점
가입 의무

소득법에서는 주로 소비자 상대 업종과 전문직사업자 등에 대해서는 신용카드나 현금영수증 가맹점에 가입하도록 요구하고 있다. 중개업도 이에 해당하는데, 어떤 근거하에 이러한 요구를 하는지 살펴보자.

1. 신용카드 가맹점 가입 의무

소비자 상대 업종(소득령 별표3의 2*)을 영위하는 사업자로서 직전 과세 기간의 수입금액의 합계액이 2,400만 원 이상인 사업자(연 환산)와 전문 직사업자 등은 신용카드가맹점에 가입하도록 하고 있다(소득령 제210조의 2, 법령 제159조). 한편 법인도 다음 업종만 동일한 의무를 두고 있다(법인법 제117조).

* 이에는 중개업을 포함한 대부분 업종이 포함되어 있다.

구분	업종
1. 소매업	복권소매업 등 기획재정부령으로 정하는 업종을 제외한 소매업 전체 업종
2. 숙박 및 음식점업	숙박 및 음식점업 전체 업종
3. 제조업	양복점업 등 기획재정부령으로 정하는 업종
4. 건설업	실내건축 및 건축마무리 공사업
5. 도매업	자동차 중개업
6. 부동산업 및 임대업	**가. 부동산 중개 및 대리업** 나. 부동산 투자 자문업 다. 부동산 감정평가업(감정평가사업을 포함한다)
7. 운수업	라. 주차장 운영업 마. 여행사업 등
8. 전문·과학 및 기술 서비스업	바. 공인노무사업 사. 공인회계사업(기장 대리를 포함한다) 아. 세무사업(기장 대리를 포함한다) 자. 건축설계 및 관련 서비스업
9. 교육 서비스업	사. 방문 교육 학원 자. 기타 교습학원 차. 예술학원
10. 보건업 및 사회복지 서비스업	바. 일반의원 카. 앰뷸런스 서비스업
11. 예술, 스포츠 및 여가 관련 서비스업	다. 독서실 운영업(스터디카페를 포함한다) 너. 골프 연습장 운영업 러. 컴퓨터 게임방 운영업 머. 노래연습장 운영업
12. 협회 및 단체, 수리 및 기타 개인 서비스업	타. 이용업 파. 두발 미용업 하. 피부 미용업 거. 손·발톱 관리 등 기타 미용업 더. 마사지업 커. 산후조리원
13. 가구 내 고용 활동	놀이방·어린이집(영유아보육법 제13조에 따라 설치·인가된 경우는 제외한다)

2. 현금영수증 가맹점 가입 의무

현금영수증 가맹점 가입 의무는 앞에서 본 소비자 상대 업종(소득법 시행령 별표3의 2)을 영위하는 자로서 다음의 사업자를 말한다.

- 법인사업자
- 직전 과세 기간 수입금액 합계액 2,400만 원 이상인 개인사업자

3. 현금영수증 의무발행가맹점

현금영수증 가맹점 가입 의무자 중 현금영수증 의무발행 업종(소득법 시행령 별표 3의 3*)을 영위하는 사업자는 사업자 과세유형(일반, 간이, 면세, 법인)이나 수입금액과 규모와 관계없이 거래 건당 10만 원 이상 현금거래 시 현금영수증을 반드시 발행해야 한다. 이때 거래상대방이 발행을 요구하지 않거나 인적사항을 모를 때에도 거래일로부터 5일 이내에 국세청에서 지정한 전화번호인 010-000-1234로 자진 발행해야 한다.

* 현금영수증 의무발행 업종(소득령 별표 3의 2, 2024년 2월 28일 현재)

중개업은 2010.4.1.에 지정되었다.

발행 의무 시작일	구분	업종
2010.4.1	32개 업종 신규 지정	· 변호사, 회계사, 세무사, 변리사, 건축사, 법무사, 심판변론인, 경영지도사, 기술지도사, 감정평가사, 손해사정인, 통관업, 기술사업, 측량사업 · 종합병원, 일반병원, 치과병원, 한방병원, 요양병원, 일반의원, 기타의원, 치과의원, 한의원, 수의업 · 일반교습학원, 예술학원, 외국어학원 및 기타교습학원, 골프장업, 장례식장, 예식장, **부동산 중개** 및 대리업, 부동산 투자 자문업
이하 생략		

4. 신용카드 또는 현금영수증 가맹 관련 가산세

소득세(법인세)법에서는 신용카드 또는 현금영수증 가맹과 관련해 다음과 같은 가산세 제도를 두고 있다.

구분	가산세
① 신용카드	신용카드 거래거부 또는 사실과 다르게 발급 : 해당 금액×5%(건별 금액이 5,000원 미만 시 5,000원)
② 현금영수증	· 현금영수증 가맹점 미가입 등 : 미가입한 사업연도 수입금액×1%×미가맹일수 비율 · 현금영수증 발급거부 등(건당 5,000원 이상 한함) : 거부금액 등×5%(건별 최하 5,000원)
③ 현금영수증 의무발행	현금영수증 미발급 : 미발급금액×20%(거래대금 받은 날부터 10일 이내에 자진 신고하거나 현금영수증 자진 발급 시 10%)

5. 적용 사례

사례를 통해 앞의 내용을 확인해보자.

Q1. 현금영수증 의무발행 업종인 사업자인데 소비자가 현금영수증 발행을 원하지 않는 경우, 발행하지 않아도 되나?

아니다. 현금영수증 의무발행 업종을 영위하는 사업자는 거래 건당 10만 원 이상 거래에 대해 소비자의 요구가 없어도 현금영수증을 반드시 발행해야 한다. 만약 소비자가 원하지 않는 경우, 국세청이 지정한 전화번호(010-000-1234)로 자진 발행해야 한다.

Q2. 거래대금을 은행 계좌로 송금을 받는 경우, 현금영수증을 발행해야 하나?

그렇다. 소비자로부터 인터넷뱅킹, 폰뱅킹 및 무통장입금 등을 통해 은행 계좌로 그 대금을 입금받는 것은 현금을 수수하는 방법에 불과하므로 은행 계좌로 대금을 이체받은 경우에도 현금영수증을 발행해야 한다.

Q3. 2024.1.1일부터 현금영수증 의무발행 업종에 추가된 보일러 수리업을 운영하는 간이과세자인데, 현금영수증을 반드시 발행해야 하나?

그렇다. 현금영수증 발행 의무는 사업자 과세유형이나 수입금액 규모와 관계없이 업종을 기준으로 적용하므로 간이과세자라 하더라도 현금영수증 가맹점에 가입해야 하며, 10만 원 이상 현금거래 시에는 현금영수증을 반드시 발행해야 한다.

Q4. 현금영수증 의무발행 업종 사업자와 거래 시 할인해주는 조건으로 현금영수증을 받지 않기로 약속했는데, 현금영수증을 받을 방법은?

소비자는 거래일로부터 거래 사실을 확인할 수 있는 서류를 첨부해 5년 이내 현금영수증 미발행 신고를 할 수 있으며, 관할 세무서의 사실관계 확인 결과 포상금 지급과 소득공제 대상이 될 수 있다.

Q5. 상품권 구입 시에도 현금영수증을 발행받을 수 있나?

상품권 구매금액은 조세특례제한법 시행령 제121조의 2 제6항에 따라 신용카드 등 소득공제 대상에서 제외되므로 현금영수증을 발행할 수 없다. 다만, 재화나 용역을 구입 시 상품권으로 결제하는 경우에는 현금영수증을 발행받을 수 있다.

Q6. 현금영수증 단말기가 없는 사업자는 어떻게 현금영수증을 발행할 수 있나?

그렇다. 현금영수증 단말기가 없는 사업자는 국세청 홈택스*, 손택스**, ARS***을 통해 현금영수증을 발행할 수 있다.

* 국세청 홈택스〉전자(세금)계산서·현금영수증·신용카드〉현금영수증〉현금영수증 건별 발급
** 국세청 손택스〉전자(세금)계산서·현금영수증·신용카드〉현금영수증(가맹점)〉현금영수증 승인거래 발급
*** ☎126) 1(홈택스 상담)〉1(현금영수증)〉1(한국어)〉4(가맹점 현금영수증 발행서비스)〉사업자등록번호〉비밀번호〉1(현금영수증 발급)

구분	일반가맹점*	의무발행가맹점
가입 대상	· 소비자 상대 업종(소득령 별표3의 2)을 영위하는 자로서 – 법인사업자 – 직전 과세 기간 수입금액 합계액 2,400만 원 이상인 개인사업자	· 의무발행 업종(소득령 별표3의 3)을 영위하는 사업자(법인사업자 포함) ➡ 수입금액 기준 없음.
중개업	해당	좌동
발행 의무	– 상대방의 발행 요청이 있는 경우 발행거부 금지	· (10만 원 이상) 상대방 요청이 없어도 발행 의무 · (10만 원 미만) 일반가맹점과 동일
발행 의무 위반 시 제재	· (발행거부 가산세) 거부금액의 5% * 건별 금액이 5,000원 미만인 경우 5,000원 · (과태료) 발행거부 또는 허위발행 금액의 20%(2회 이상 위반 시)	· (10만 원 미만) 일반가맹점과 동일 · (10만 원 이상) 발행 의무 위반 시 미발행금액의 20% 가산세 부과 · 착오나 누락 등으로 발행하지 않았으나 거래대금을 받은 날로부터 10일 이내 발행 시 50% 감경
기타 제재	· 미가맹 시 – (미가맹 가산세) 미가맹 기간 소비자 상대 업종 수입금액의 1% – 추계신고 시 단순경비율 배제 – 창업중소기업 세액감면, 중소기업 특별세액감면 등 배제	· 미가맹 시 : 일반가맹점과 동일

* 신용카드가맹점도 이와 같은 내용이 적용된다.

사업용 계좌 신고 및
사용 의무

사업용 계좌 신고 및 사용 의무는 국세청에 신고된 계좌로 입출금을 하도록 하는 제도를 말한다. 법인의 경우에는 법인계좌가 있어 이를 바탕으로 현금흐름을 파악하기가 용이하나, 개인은 사업자금과 개인 자금이 뒤섞여 사업 관련 현금흐름을 파악하기가 힘든 측면이 있다. 이를 개선하기 위해 이 제도가 들어온 만큼 중개사무소를 포함한 모든 사업자는 이에 유의해야 할 필요가 있다.

1. 사업용 계좌의 내용

1) 사업용 계좌란

다음의 거래에 대해 미리 국세청에 신고된 계좌를 통해 입출금이 되도록 하는 제도를 말한다.

- 거래대금을 금융회사 등을 통해 결제하거나 결제받는 경우(매출대금을 말한다)
- 인건비 및 임차료를 지급하거나 받는 경우(단, 외국인 불법체류자 등 일부는 제외)

2) 적용 대상자

중개사무소 중 복식부기 의무자만 해당한다.

구분	개업 연도	개업 후의 연도
장부 의무	간편장부	· 간편장부 : 전년도 매출액 7,500만 원 미만 · 복식장부 : 전년도 매출액 7,500만 원 이상
사업용 계좌	신고 및 사용 의무 없음.	복식장부 대상자만 신고 및 사용 의무 있음.

3) 미사용에 따른 불이익

복식부기 의무자가 사업용 계좌 신고를 하지 않거나 미사용하면 다음과 같은 불이익을 받는다.

① 사업용 계좌 미신고·미사용 가산세(소득법 제81의 8).

복식부기 의무자가 사업용 계좌를 미신고하거나 미사용하면 다음과 같이 가산세를 부과한다. 이때 사업용 계좌 신고·사용 가산세는 소득세 산출세액이 없는 경우에도 적용한다.

가. 미사용 가산세=사업용 계좌를 사용하지 않은 금액 × 2/1,000

나. 미신고 가산세=㉠과 ㉡중 큰 금액
　㉠ 미신고 기간 수입금액 × 2/1,000
　㉡ 거래금액 합계액 × 2/1,000

② 조세감면배제

사업용 계좌를 신고해야 할 사업자가 이를 이행하지 않은 경우에는 해당 과세 기간에 대해 다음의 감면규정을 적용하지 않는다.

※ 제외되는 조특법상 감면규정

- 제6조(창업중소기업 세액감면)
- 제7조(중소기업 특별세액감면) 등

☞ 중개업은 이와 같은 감면이 적용되지 않으므로 이에 대한 불이익은 없다.

③ 경정 사유에 추가

사업용 계좌를 신고해야 할 사업자(복식부기 의무자)가 이를 이행하지 아니하거나 사업용 계좌를 이용해야 할 사업자가 이를 이행하지 아니한 경우 납세지 담당세무서장 또는 지방국세청장은 해당 연도의 과세표준과 세액을 경정할 수 있다(소득법 제80조 제2항).

☞ 이는 세무조사 등을 할 수 있다는 것을 암시한다.

2. 적용 사례

사례를 통해 앞의 내용을 확인해보자.

| 자료 |
- K 씨는 중개업을 영위하고 있다.
- 그의 작년 매출액은 1억 원이다.

Q1. K 씨는 간편장부 대상자인가? 복식부기 의무자인가?

중개업의 경우, 전년도 매출액이 7,500만 원 이상이 되면 복식부기 의무자가 된다. 따라서 K 씨는 복식부기 의무자가 된다.

Q2. K 씨는 사업용 계좌 신고를 하지 않았다. 이 경우, 가산세는 얼마인가?

일반적으로 매출액의 2%가 적용되므로 200만 원 정도가 될 것으로 보인다.

Q2. 사업용 계좌는 어떻게 신고를 해야 하는가?

관할 세무서를 방문하거나 홈택스에서 등록할 수 있다.

Q3. 사업용 계좌는 1개만 신고하는가?

사업용 계좌는 사업장별로 신고하는 것이 원칙이며, 계좌는 2개 이상도 가능하다.

Q4. 사업용 계좌에서 생활비를 찾으면 제재를 받는가?

아니다. 그런 불이익은 없다. 이를 제재하면 개인의 생활이 불편해지기 때문이다.

사업자카드
등록

중개사무소가 국세청에 등록한 사업자카드로 물품구입비 등을 결제하는 경우가 많다. 다양한 측면에서 편의성이 많기 때문이다. 하지만 이 카드를 사적인 목적으로 과도하게 사용하는 경우에는 사후검증이나 세무조사 등의 가능성이 올라가는 등 세무위험이 발생한다는 문제점이 있다. 다음에서 사업자 신용카드(사업자카드)에 대해 알아보자.

1. 사업자카드 등록의 내용

1) 가입 의무

사업자카드는 사업용 계좌처럼 신고 의무가 없다. 따라서 본인의 선택에 따라 등록할 수 있다. 사업자카드를 국세청 홈택스에 등록해두고 사용하면 영수증 수취와 자료 처리에서도 도움을 얻을 수 있다.

구분	내용	비고
사업자카드 가입 의무	없음.	납세자의 선택에 따름.
장점	· 부가세 신고 시 자료수입이 용이함. · 개별 영수증을 수취하지 않아도 됨.	
단점	· 사업 무관하게 지출 시 세무위험이 커짐.	

2) 등록 방법

사업자카드는 별도카드로 발급받는 것이 아니라, 사업자가 가지고 있는 신용카드를 국세청 홈택스에서 등록하면 그 카드가 바로 '사업자 카드'가 된다. 공인인증서를 이용해 홈택스 홈페이지 [조회/발행→ 신용카드→ 사업자용 신용카드 등록] 메뉴에서 등록한다.

사업자카드와 관련된 몇 가지 내용을 Q&A 형태로 정리해보자.

Q1. 사업자카드는 의무적으로 사용해야 하는가?

그렇지 않다. 사업용 계좌 사용 의무처럼 필수적인 의무는 없다. 하지만 평소 카드전표 수집 없이도 부가세나 소득세 등을 신고할 때, 간단한 조회만을 통해 신고를 마칠 수 있다. 이러한 관점에서 이를 사용하는 경우가 많다.

Q2. 사업자카드는 몇 장까지 등록할 수 있는가?

대표자 명의로 50장까지 등록할 수 있다. 다만, 여기서 주의할 것은 대표자가 아닌 경우에는 이 카드로 등록할 수 없다는 점이다. 사업자카드 등록단계에서 신용카드사에 본인 여부를 인증하는 절차를 거치기 때문이다.

Q3. 사업자카드는 반드시 대표자만 사용해야 하는가?

그렇지 않다. 업무용으로 사용한다면 직원 등이 이를 사용할 수 있다.

Q4. 사업자카드를 사용하면 전표를 보관해야 하는가?

사업자가 지출할 때 받은 영수증은 원칙적으로 5년 이상 보관해야 한다. 하지만 사업자카드의 경우, 그 사용 내용이 국세청 등에 보관되어 있으므로 이를 보관하지 않아도 되는 혜택이 있다.*

* 사업자로서는 중요한 정보가 될 수 있다.

Q5. 사용한 금액 모두 부가세 환급 처리하면 문제가 없는가?

원칙적으로 사업자카드로 지출하면 세금계산서를 받지 않더라도 부가세를 환급받을 수 있다. 하지만 사업과 관련 없이 사업자카드를 사용하는 경우에는 이에 대해서는 당연히 환급 처리를 할 수 없다. 가정용품 구매나 접대, 업무용 승용차에 관련된 매입세액 등이 이에 해당한다.

👉 부가세 신고 시 매입 내용은 신고 기간(7월, 1월)을 통해 홈택스 메뉴에서 확인할 수 있다. 참고로 홈택스 홈페이지에서 조회되지 않은 매입 내용은 카드회사 등을 통해 개별적으로 확인해 환급 신청을 해야 한다.

2. 적용 사례

사례를 통해 앞의 내용을 좀 더 확인해보자. 개인사업을 하는 김영철 씨는 복식부기 의무자에 해당한다. 그는 이번에 종합소득세 신고를 하면서 다음과 같은 안내문을 받았다. 물음에 답하면?

※ 전년도 사업자카드 사용현황 분석

구분	합계	신변잡화 구매	가정용품 구매	업무 무관 업소 이용	개인적 치료	해외 사용액
건수	550	30	100	400	10	10
금액	1억 원	1,500만 원	2,000만 원	4,000만 원	500만 원	2,000만 원

Q1. 앞의 내용은 어떤 과정을 통해 납세의무자에게 제공되는가?

사업자카드는 국세청에 등록된 카드로 국세청이 각 신용카드회사로부터 거래 내용을 자체 전산망으로 전송받은 후 이를 가공 분석해서 납세의무자에게 제공하는 식으로 운용된다.

Q2. 앞의 업무 무관업소 이용 항목에서 업무 무관업소란 어떤 곳을 의미할까?

이는 주로 유흥주점 등을 말한다. 복리후생용 식대나 접대비 등을 지출하는 경우라도 이 항목으로 분류될 수 있다는 점에 주의하기를 바란다.

Q3. 지출된 금액 총 1억 원은 경비 처리를 할 수 없는가?

그렇지 않다. 국세청은 종합소득세 성실신고를 위해 자료를 수집해 자체기준에 의해 사용 내용을 알려주는 것에 불과하므로, 신고할 때는 건별로 업무 관련성을 따져 경비 처리를 하면 된다. 예를 들어, 업무 무관업소 이용과 관련된 금액이라도 이 중 복리후생 성격의 지출이 있으면 복리후생비로, 접대 성격의 지출이 있으면 접대비로 처리하면 된다.

Q4. 사례의 김 씨가 신용카드 사용액을 모두 경비 처리하면 어떤 문제점이 있는가?

앞에서 적시된 항목들을 모두 부가세나 소득세 신고 시에 장부 등에 반영해서 신고하면 세무위험이 올라간다. 그 결과, 과세관청은 자료상의 비용을 과도하게 장부 등에 반영했다고 보아 사후검증이나 세무조사 등을 실시해 관련 세금을 추징할 수 있다.

Q5. 이러한 위험을 줄이기 위해서는 어떻게 해야 하는가?

가장 좋은 것은 위에 적시된 항목들에 대해서는 될 수 있는 대로 사업자카드 사용을 줄이는 것이다. 불필요한 오해를 살 필요가 없기 때문이다. 그 대신, 비사업자카드, 즉 개인카드를 사용하는 것이 좋을 것으로 보인다. 개인카드를 사용하더라도 업무에 사용했다면 부가세 환급도 가능하고 비용 처리도 가능하다.

정규영수증 수취 의무와
영수증 수취명세서 제출 의무

중개사무소를 포함한 모든 사업자는 사업경비를 지출할 때 그에 맞는 영수증을 수취해 5년간 보관해야 한다. 자신이 신고한 소득세(법인세)에 대한 검증자료로 활용할 수 있도록 하기 위해서다. 그렇다면 이와 관련된 의무를 위반했을 때에는 어떤 불이익이 주어질지 한꺼번에 정리해보자.

1. 지출증명서류 수취 및 보관 의무

소득법 제160조의 2에서는 다음과 같이 2가지 의무를 두고 있다.

1) 지출증명서류 수취 의무

중개사무소를 포함한 모든 사업자는 다음의 어느 하나에 해당하는 증명서류를 받아야 한다(원칙). 다만, 대통령령으로 정하는 경우*에는 이를 수취하지 않아도 된다(예외).

* 3만 원 이하의 거래나 택시비 등 몇 가지가 열거되어 있다.

원칙*	예외
· 계산서 · 세금계산서 · 카드전표(직불카드 등 포함) · 현금영수증	일반영수증 등

* 이 책에서는 이러한 영수증을 정규영수증이라고 부르고 있다. 참고로 실무에서는 이를 정규증빙, 법정 증빙, 적격증빙 등으로도 부른다. 세법상의 용어로는 지출증명서류다.

2) 지출증명서류 보관 의무

① 원칙
지출증명서류는 소득세 확정신고 기간종료일부터 5년간 보관해야 한다. 다만, 다음과 같은 경우에도 이를 보관한 것으로 본다.

- 신용카드 월별이용대금명세서
- 신용카드업자 등으로부터 전송받아 전사적 자원관리시스템에 보관하고 있는 신용카드, 현금영수증, 직불카드 및 기명식 선불카드, 직불 전자지급수단, 기명식 선불전자 지급수단, 기명식 전자화폐의 거래정보

② 예외
다음의 어느 하나에 해당하는 지출증거자료는 보관하지 않아도 된다. 국세청 전산망 등에서 보관하고 있기 때문이다.

- 현금영수증
- 국세청에 사업용 신용카드로 등록한 카드전표
- 화물 운전자 복지카드 매출전표
- 국세청에 전송된 전자계산서

2. 지출증명서류 관련 가산세

지출증명서류 수취와 관련해 2가지의 가산세가 있다.

① 지출증명서류 수취 불성실 가산세

사업자가 사업과 관련해 앞의 4가지 정규영수증을 받지 않거나 사실과 다르게 받으면 2%의 가산세를 부과한다(3만 원 이하의 거래 등은 제외). 다만, 이때 다음의 사업자에 대해서는 이 가산세를 적용하지 않는다(소득법 제81조의 6).

- 소규모사업자
- 추계소득 신고자

여기에서 소규모사업자는 신규사업자, 전년도 매출액이 4,800만 원*에 미달하는 사업자, 연말정산사업자(방문판매원 등)를 말한다. 추계소득 신고자는 장부가 아닌 경비율을 통해 소득세를 신고하는 경우를 말한다. 다만, 기준경비율은 주요 3대 경비(인건비, 재료비, 임차료) 중 재료비 등은 이 제도가 적용된다.

* 간이과세자에 해당하는 중개사무소가 이에 해당한다.

② 영수증 수취명세서 제출·작성불성실 가산세

사업자(소규모사업자* 및 추계과세자 제외)가 영수증 수취명세서를 미제출하거나 불분명한 경우에는 지급금액의 1%의 가산세를 부과한다. 이는 거래 건당 3만 원을 초과하고 정규영수증이 아닌 영수증 수취분을 기재하는 서식에 해당한다(다음의 서식 참조).

* 소규모사업자에 대해서는 이 가산세도 부과하지 않는다.

영수증 수취명세서

※ 제2쪽의 작성방법을 읽고 작성하시기 바랍니다.　　　　　　　(3쪽 중 제1쪽)

① 상　　　호		② 사업자등록번호	－　　－
③ 성　　　명		④ 생년월일	
⑤ 주　　　소	(전화번호 :　　　　)		
⑥ 사업장소재지	(전화번호 :　　　　)		
⑦ 업　　　태		⑧ 종목	

1. 세금계산서·계산서·신용카드 등 미사용 내역

⑨ 구 분	3만 원 초과 거래분		
	⑩ 총 계	⑪ 명세서제출 제외 대상	⑫ 명세서제출 대상(⑩ － ⑪)
⑬ 건 수			
⑭ 금 액			

2. 3만 원 초과 거래분 명세서제출 제외 대상 내역*

구분	건수	금액	구분	건수	금액
⑮ 읍·면지역소재			㉖ 부동산구입		
⑯ 금융·보험용역			㉗ 주택임대용역		
⑰ 비거주자와의 거래			㉘ 택시운송용역		
⑱ 농어민과의 거래			㉙ 전산발매통합관리 시스템 가입자와의 거래		
⑲ 국가·지방자치단체 또는 지방자체단체조합과의 거래			㉚ 항공기항행용역		
⑳ 비영리법인과의 거래			㉛ 간주임대료		
㉑ 원천징수 대상사업소득			㉜ 연체이자지급분		
㉒ 사업의 양도			㉝ 송금명세서제출분		
㉓ 전기통신·방송용역			㉞ 접대비필요경비부인분		
㉔ 국외에서의 공급			㉟ 유료도로 통행료		
㉕ 공매·경매·수용			㊱ 합계		

소득법 제70조 제4항 제5호 및 같은 법 시행령 제132조 제3항에 따라 영수증수취명세서를 제출합니다.

　　　　　　　　　　　　　　　　　　　년　　　　　월　　　　　일

　　　　　　　　　　신 고 인　　　　　　(서명 또는 인)

　　　　　　　　　　세무대리인　　　　　　(서명 또는 인)

　　　　　　　　　　　　　　　　　(관리번호 :　　　　)

* 서식에 열거된 35개의 항목은 정규영수증을 받지 않아도 되거나 받을 수 없는 것들이다. 이에 대해서는 제출 대상에서 제외된다.

장부작성
의무

현행 소득세나 법인세는 사업자(법인 포함)들이 스스로 사업실적을 정리해 이에 맞춰 신고하는 식으로 세법이 운용되고 있다. 그런데 이에 대한 객관적인 기준이 없으면 실적에 대한 투명성이 떨어질 수밖에 없다. 그래서 고육지책으로 등장한 것이 바로 장부작성 의무다. 이를 근거로 사업실적을 계산하고 이를 통해 신고하면 비록 허위로 신고를 하더라도 사후검증이 가능하기 때문이다. 그런데 모든 사업자에게 이 의무를 강요할 수는 없다. 사업하기도 벅찬 사업자들을 대상으로 장부작성을 강요하는 것은 있을 수 없기 때문이다. 이에 따라 세법은 사업자의 유형을 몇 가지로 나누고 그에 맞는 제도를 도입하기에 이르렀다.

1. 간편장부와 복식장부

모든 사업자에게 똑같은 의무를 부여하는 것은 절대 바람직하지 않다. 그래서 세법은 다음과 같이 장부 종류를 나눠 사업자의 유형에 맞게 차등적으로 이에 대한 의무를 정하고 있다. 다음에서 장부 종류와 이에 대한 선택 방법을 정리해보자.

1) 간편장부와 복식장부

간편장부는 일자별로 거래 내용을 적는 단식부기*의 형태가 되므로 회계지식이 없더라도 간단히 작성할 수 있다. 한편 복식장부는 복식부기**의 형태로 작성하므로 회계지식이 있어야 한다.

* 단식부기 : 차변과 대변으로 구분함이 없이 거래 사실을 일자별로 장부에 기재하는 방식
** 복식부기 : 차변과 대변으로 구분해 회계 처리를 통해 장부에 기재하는 방식

2) 간편장부와 복식장부의 기준

세법은 장부작성 능력이 떨어진 사업자에 대해서는 간편장부, 그렇지 않은 사업자에 대해서는 복식장부를 요구하고 있다.

① 신규사업자

신규사업자는 장부작성이 부담될 수 있으므로 매출액의 크기에도 불구하고 간편장부를 작성하도록 하고 있다. 다만, 다음의 전문직사업자는 개업 초기부터 복식장부를 작성하도록 하고 있다.

변호사업, 심판변론인업, 변리사업, 법무사업, 공인회계사업, 세무사업, 경영지도사업, 기술지도사업, 감정평가사업, 손해사정인업, 통관업, 기술사업, 건축사업, 도선사업, 측량사업, 공인노무사업, 의사업, 한의사업, 약사업, 한약사업, 수의사업과 그 밖에 이와 유사한 사업 서비스업으로서 기획재정부령으로 정하는 것

▶ 중개업 : 간편장부 대상자에 해당함(∵ 신규사업자에 해당하기 때문).

② 기존사업자

기존사업자는 전년도의 매출액을 기준으로 이에 대한 기준을 정하고 있다. 즉 다음 업종별 매출액이 3억 원·1.5억 원·7,500만 원 미만은 간

편장부 그 이상은 복식장부를 작성해야 한다.

업종	기준수입금액	
	간편장부	복식장부*
농업 등 일차 산업, 부동산매매업, 도·소매업, 광업, 아래에 해당하지 않은 업종	3억 원 미만	3억 원 이상
제조업, 숙박업, 음식업, 전기·가스 및 수도업, 운수업, 건설업, 소비자 용품 수리업, 창고업과 통신업, 금융 및 보험업	1.5억 원 미만	1.5억 원 이상
부동산 임대업, 부동산업, 사업서비스업, 교육 서비스업, 보건 및 사회복지서비스업, 개인 서비스업, 가사서비스업	7,500만 원 미만	7,500만 원 이상

* 의사 등 전문직사업자는 무조건 복식장부를 작성해야 함(이들은 장부미작성 시 단순경비율이 적용 배제됨).

▶ 중개업(기존) : 전년도 매출액이 7,500만 원 이상 시는 복식장부, 그 미만은 간편장부 대상

참고로 한 사업장에서 업종을 겸영하거나 사업장이 2개 이상이면 다음의 계산식에 의해 계산한 수입금액에 의한다. 즉, 부업종 등의 수입금액을 환산해 주업종의 수입금액에 더해 앞의 장부작성 기준을 적용한다.

주업종(수입금액이 가장 큰 업종을 말한다)의 수입금액＋주업종 외의 업종의 수입금액×
(주업종에 대한 기준수입금액/주업종 외의 업종에 대한 기준수입금액)

2. 장부작성에 따른 혜택과 미작성에 따른 불이익

장부작성에 따른 혜택과 미작성 시의 불이익을 알아보자.

① 혜택

- 간편장부 대상자가 복식장부를 작성하면 기장 세액공제를 산출세액의 20%(100만 원 한도) 내에서 적용한다.
- 장부를 작성하면 실질에 맞게 세금을 낼 수 있으며 세액감면을 받을 수 있다.
- 사업손실이 발생한 경우, 15년간 이월공제가 되는데, 이때는 장부를 바탕으로 결손금이 입증되어야 한다.

② 불이익

- 장부를 작성하지 않으면 먼저 무기장 가산세를 산출세액의 20%로 부과한다. 다만, 소규모사업자는 제외한다.
- 결손금을 이월 공제하지 않으며, 조세감면 등도 적용 배제한다.

☞ 장부를 작성하지 않으면 필요경비의 입증을 통해 소득금액을 파악할 수 없으므로 정부에서 정한 경비율을 사용할 수밖에 없다. 중개업의 경우 다음과 같은 기준을 사용한다. 이에 대한 자세한 내용은 제7장에서 살펴본다.

구분	단순경비율*	기준경비율**
개업한 연도	당해 연도 매출 7,500만 원 미만 시	당해 연도 매출 7,500만 원 이상 시
개업 후의 연도	전년도 매출 2,400만 원 미만 시	전년도 매출 2,400만 원 이상 시

* 수입금액-'수입금액×단순경비율'을 소득금액으로 계산하는 제도
** 수입금액-'주요 3대 비용(인건비, 재료비, 임차료)+수입금액×기준경비율(단, 복식부기 의무자는 기준경비율에 1/2을 곱한 율을 적용함)'을 소득금액으로 계산하는 제도

3. 적용 사례

사례를 통해 앞의 내용을 확인해보자.

Q1. 이 중개사무소의 장부작성 의무는?

신규사업자는 무조건 간편장부 대상자가 된다. 다만, 의사 등 전문직 사업자는 매출과 관계없이 복식장부 의무자가 된다.

Q2. 이 중개사무소가 장부를 작성하지 않으면 무기장 가산세가 부과되는가?

그렇지 않다. 신규사업자에 대해서는 무기장 가산세를 부과하지 않기 때문이다.

Q3. 이 중개사무소가 장부를 작성하지 않고 소득세를 신고하면 단순경비율을 적용받을 수 있는가?

그렇지 않다. 중개업의 경우 수입금액이 7,500만 원을 넘어가면 복식부기 대상 기준이 되는데, 사례는 이를 초과하므로 단순경비율을 적용받을 수 없다. 따라서 이 경우 기준경비율을 적용해야 한다.

Q4. 사례의 경우 장부를 작성하는 것이 좋은가? 하지 않는 것이 좋은가?

사례의 경우 사업 첫해는 무기장 가산세가 없으나 매출 증가로 기준경비율을 적용받게 된다. 따라서 경비율로 신고하는 것이 좋은지, 장부를 작성하는 것이 좋은지를 별도로 검토해야 한다. 참고로 앞으로 매출이 7,500만 원이 넘어설 것으로 예상하면 어차피 복식장부를 작성해야 하므로 처음부터 장부를 작성하도록 한다.

◑ 매출액이 연간 4,800만 원을 넘어가는 경우, 앞에서 본 장부를 작성해 소득

세를 신고하는 것이 경비율을 통해 신고하는 것보다 유리하는 것이 일반적이다. 이 금액을 넘어가면 무기장 가산세가 20%가 부과되기도 하지만, 경비율이 낮게 적용되는 경우가 많기 때문이다. 따라서 실무에서는 ① 장부를 작성해 신고하는 것과 ② 경비율(단순, 기준)로 신고하는 것을 비교해서 유리한 방법을 선택할 수 있어야 한다(제7장 참조).

Q5. 세무회계사무소에 지불하는 수수료는 모두 경비 처리할 수 있는가?

그렇다. 경비 처리를 하게 되면 이익을 축소해 절세효과가 발생한다. 예를 들어, 기장료가 100만 원이고 적용되는 세율이 24%라면 24만 원의 세금환급 효과가 발생한다.

Tip	중개사무소에 적용되는 소득법상의 각종 제도		
구분	**신규 중개사무소**	**기존 중개사무소**	**비고**
신용카드/현금 영수증 가맹점 가입 의무	없음.	2,400만 원 이상 (전년도)	소비자 상대 업종 (소득령 별표 3의 2)
현금영수증 의무 발행(10만 원)	해당	좌동	소비자 상대 업종 (소득령 별표 3의 3)
사업용 계좌 신고 및 사용 의무	없음(간편장부).	있음(복식장부).	복식부기 의무자에 한함.
사업자카드 등록 의무	없음.	좌동	가급적 등록 후 사용 하는 것 바람직함.
정규영수증 수취 의무	없음.	있음(전년도 매출 4,800만 원 이상).	소규모사업자*는 의무 없음.
영수증 수취명세서 제출 의무	없음.		
장부작성 의무	간편장부	복식장부(전년도 매출 7,500만 원 이상, 그 미만은 간편장부)	

구분	신규 중개사무소	기존 중개사무소	비고
무기장 가산세	없음.	20%	소규모사업자*는 가산세 없음.
경비율 제도	단순경비율 (단, 7,500만 원 이상 매출 시는 기준경비율)	전년도 매출 2,400만 원 이상 시는 기준경비율 (미만은 단순경비율)	
성실신고확인 대상	당해 연도 매출이 5억 원 이상 시	좌동	당해 연도를 기준으로 함에 유의

* 소규모사업자는 신규사업자, 전년도 매출액이 4,800만 원에 미달하는 사업자 등을 말한다. 이들에 대한 세제는 이 장의 절세 탐구에서 별도로 정리한다.

※ 업종별 장부작성 의무, 경비율 적용기준, 성실신고 적용 여부 요약

구분	장부작성기준	경비율 적용기준	성실신고 적용기준
	전년도 매출	전년도 매출	당해 연도 매출
·업종1 : 도·소매업, 부동산 매매업 등(아래 업종2와 업종3 외의 업종포함)	3억 원	6,000만 원	15억 원
·업종2 : 제조, 숙박, 음식업, 건설업 등	1.5억 원	3,600만 원	7.5억 원
·업종3 : 부동산 임대업, 중개업*, 의료보건업, 기타서비스업 등	7,500만 원	2,400만 원	5억 원

* 중개업의 전년도 수입금액이 7,500만 원에 미달하면 간편장부(이상이면 복식장부), 2,400만 원에 미달하면 단순경비율(이상이면 기준경비율), 당해연도 수입금액이 5억 원 이상이 되면 6월에 성실신고(5억 원 미만은 5월에 일반신고)를 해야 한다.

• 장부작성→복식장부는 회계 처리를 기반으로 하므로 업무강도가 세다.
• 경비율→기준경비율이 불이익을 주는 제도에 해당한다.
• 성실신고→성실신고확인은 세법 규제가 가장 센 제도에 해당한다.

사업자등록 이후 중개사무소는 다음과 같이 각종 신고를 해야 한다. 일반과세와 간이과세로 구분해 살펴보자. 참고로 앞에서 살펴보았지만 2024년 7월 1일부터 간이과세자의 기준이 연간 1억 400만 원으로 조정될 예정이다(이하 동일).

구분		과세	
		일반과세	간이과세
개념		공급가액의 10%를 징수해 납부해야 하는 사업자	공급대가×부가율×10%를 징수해 납부해야 하는 사업자
매출영수증 발행 의무		세금계산서, 카드전표, 현금영수증 중 하나로 발행	·4,800~8,000만 원 미만 간이 과세자 : 좌동
			·4,800만 원 미만 간이과세자 : 영수증 발행
영수증 수취 의무		세금계산서, 카드전표, 현금영수증 수취 원칙	·4,800~8,000만 원 미만 간이 과세자 : 좌동
			·4,800만 원 미만 간이과세자 : 수취하지 않아도 무방(가산세 없음)
부가세 신고		연 2회	연 1회
현금매출명세서 제출 의무		있음.	좌동
원천징수 및 자료 제출 의무		있음.	좌동
4대 보험 신고(임직원)		있음.	좌동
종합소득세 신고	일반사업자	다음 해 5월 중	좌동
	성실신고사업자	다음 해 6월 중	좌동
외부감사 수감 의무		없음(법인*만 해당).	(법인은 간이 없음)

* 외부감사법률에 따름(제8장 참조).

소득법상 소규모사업자는 사업 규모가 작거나 납세 순응력이 떨어진 신규사업자 등을 말한다. 이러한 사업자에 관해서는 부담을 줄여주기 위해 소득법 등에서 다양한 혜택이 주어지는데 이를 요약해보자.

1. 소규모사업자란

세법에서는 납세협력 능력이 떨어진 소규모사업자에 대해서는 일반사업자보다 규제를 약하게 하는데, 이때 소규모사업자는 다음을 말한다.

- 해당 과세 기간에 신규로 사업을 개시한 사업자
- 직전 과세 기간(1년)의 사업소득의 수입금액의 합계액이 4,800만 원에 미달하는 사업자
- 과세표준확정신고 의무가 면제되는 보험설계사와 후원방문판매원, 음료배달원(수입금액 7,500만 원 미만으로 연말정산 사업소득자를 말함)

이러한 내용을 보면 신규사업자도 소규모사업자의 범위에 포함한다. 참고로 부가법에서는 공급대가가 4,800만 원에 미달하면 간이과세자로 보아 부가세를 약하게 처리한다.

2. 소득법상의 세제 혜택

1) 장부작성 의무

간편장부 대상자에 해당한다.

2) 장부미작성에 따른 가산세 면제

사업자가 앞의 장부작성 의무를 이행하지 않으면 무기장 가산세(20%)를 부과한다. 다만, 소규모사업자에 대해서는 이를 적용하지 않는다.

3) 복식장부작성 시 기장 세액공제 적용

간편장부 대상자가 복식장부작성 시 기장 세액공제(20%, 100만 원 한도)를 적용한다.

4) 영수증 수취명세서 제출 의무 면제

3만 원 초과 거래 시 비정규 영수증 수취에 따른 영수증 수취명세서 제출 의무가 면제된다.

5) 소득세 모두채움 서비스 제공

소득세를 자발적으로 신고하지 않아도 정부에서 세액계산을 해서 알려주는 모두채움 서비스를 제공한다. 예를 들어, 단순경비율 적용 대상 사업자는 국세청에서 마련한 모두채움 서비스를 통해 간단히 신고를 마칠 수 있다. 국세청이 전산으로 세액까지 계산해주면 납세자는 확인만 하면 되기 때문이다(모바일, 홈택스, ARS 1544-9949 등). 하지만 그 외 사업자는 본인이 스스로 소득을 계산해서 자발적으로 신고를 해야 한다.

3. 추가로 알아두면 좋은 제도들

국세기본법이나 조특법에서는 간편장부 대상자나 연 매출 8,000만 원 미만의 사업자에 대해 별도의 혜택을 부여하고 있다.

1) 소규모 성실사업자에 대한 세무조사 면제

간편장부 대상자인 개인사업자나 매출액이 3억 원 이하인 법인에 대해서는 다음과 같은 요건을 충족하면 세무조사를 면제한다.

※ 소규모 성실사업자 정기세무조사 면제(국기령 제63조의 5)

구분	개인	법인
수입금액 요건	간편장부 기준 (중개업 7,500만 원 미만)	3억 원 이하
성실성 요건	· 복식장부 기장 · 현금영수증 가입(의무자에 한함) · 전자세금계산서 발행 대상자가 　미발행이 없을 것 · 체납이 없을 것 등	좌동
	· 사업용 계좌 개설	-
	-	· 지출증명서류 합계표 작성·보관 (1억 원 초과 법인에 한함)

▶ 개인 중개사무소 : 7,500만 원에 미달한 상태에서 현금영수증 가맹에 가입하면 세무조사가 면제된다.

▶ 중개법인 : 매출이 3억 원에 미달하고 현금영수증 가맹점에 가입하면 세무조사가 면제된다. 단, 세금계산서를 전자적으로 발행해야 한다.

2) 8,000만 원 이하 사업자에 대한 창업중소기업 세액감면 적용

창업한 창업중소기업(청년창업중소기업은 제외한다)의 연간 매출액이 8,000만 원 이하이면 감면 업종(음식점업 등은 포함하나 부동산 중개업은 제외)만 다음과 같이 감면을 적용한다.

· 감면기간 : 개업 후 최초로 소득이 발생한 과세연도와 그다음 과세연도의 개시일부터 4년(총 5년)

· 감면율 :

　- 수도권 과밀억제권역 외의 지역에서 창업한 창업중소기업의 경우 : 100분의 100

- 수도권 과밀억제권역에서 창업한 창업중소기업의 경우 : 100분의 50

Tip	매출 수준에 따라 달라지는 중개업 관련 제도들	
구분	부가법	소득법
2,400만 원 이상	-	· 현금영수증 가맹점 가입 (10만 원 이상 의무발행) · 기존사업자 기준경비율 적용
4,800만 원 미만	일반 간이과세자	소규모사업자에 해당해 각종 불이익 배제
4,800만 원 이상	세금계산서 발행 간이과세자	· 간편장부 대상자 · 신규사업자 단순경비율 적용
7,500만 원 미만		
7,500만 원 이상		· 복식부기 의무자 · 신규사업자 기준경비율 적용
8,000만 원 미만		
8,000만 원 이상	· 일반과세자 · 전자세금계산서 발행 의무	
5억 원 미만	-	
5억 원 이상	-	성실신고확인 제도 적용
10억 원 이상	현금영수증 등 발행공제 적용배제	

제3장

● ● ● ● ●

중개사무소의
매출영수증 발행법

중개사무소의 매출에 따른
부가세 발생 형태

중개사무소는 최종소비자인 개인과 사업자를 대상으로 중개용역을 제공하면서 보수를 받게 된다. 다음을 참조하자.

	용역제공 ⇒	최종소비자(개인)
① 일반과세자*		
② 세금계산서 발행 간이과세자*		
③ 간이과세자	대가 수령 ⇐	사업자(법인 포함)

* 이 책에서는 이 둘의 사업자를 묶어 '일반과세자 등'으로 표시하고 있다.

그렇다면 이때, 중개사무소가 소비자로부터 얼마만큼의 대가를 받아야 할까? 예를 들어, 중개보수료가 100만 원이라고 하자.

① 일반과세자가 공급한 경우

일반과세자는 자신의 수입금액 100만 원에 10%의 부가세를 더해 110만 원을 받게 된다. 여기서 100만 원은 본인의 수입, 즉 매출이 되고 나머지 10만 원은 국가에 납부해야 한다.

▶ 매출 : 100만 원

▶ 부가세 : 10만 원*

* 거래상대방이 일반과세자에 해당하는 경우에는 매입세액을 매출세액에서 공제받을 수 있다.

② 세금계산서 발행 간이과세자가 공급한 경우

세금계산서를 발행하는 간이과세자도 원칙적으로 앞의 일반과세자처럼 수입금액 100만 원에 10%의 부가세를 더해 110만 원을 받게 된다. 그런데 이 간이과세자의 경우, 다음과 같이 부가세를 계산한다.

• 공급대가(110만 원)×(업종별 부가율 40%×부가세율 10%)=44,000원

따라서 이 경우 매출과 부가세는 다음과 같이 분해된다.

▶ 매출 : 1,056,000원

▶ 부가세 : 44,000원*

* 세금계산서 발행 의무가 있는 간이과세자가 발행하는 세금계산서 및 카드전표 등을 수취한 거래상대방인 일반과세자는 공급가액의 10%에 해당하는 매입세액을 매출세액에서 공제받을 수 있다. 사례의 경우 10만 원을 공제받을 수 있다. 이를 통해서 보건대 비교적 매출이 많은 간이과세자에게 세금계산서를 발행케 하는 이유는 거래상대방인 일반과세자에 대한 매입세액을 공제해주기 위한 것으로 볼 수 있다.

 세금계산서 발행 간이과세자로부터 세금계산서를 받은 사업자는 매입세액공제를 얼마만큼 받는가?

10만 원이다.*

* 국가의 입장에서는 44,000원의 부가세를 받고, 10만 원을 내어주는 모양새가 되므로 궁극적으로 5만 6,000원의 부가세 손실이 발생할 수 있다. 다만, 세금계산서 수취공제 등을 고려하면 다른 결과가 나올 수 있다. 다음 페이지의 Tip을 참조하기를 바란다.

③ 간이과세자가 공급한 경우

세금계산서를 발행하지 못하는 간이과세자는 부가세를 별도로 징수하지 못하므로 100만 원을 받고 이 중 일부를 부가세로 내게 된다. 중개업의 부가율은 40%이므로 부가세는 4만 원[100만 원×(40%×10%)]이 된다. 따라서 이 경우, 매출과 부가세는 다음과 같이 분해된다.

▶ 매출 : 96만 원
▶ 부가세 : 4만 원*

* 거래상대방이 일반과세자라도 매입세액공제를 받을 수 없다. 매입세액공제를 받기 위해서는 세금계산서나 부가세가 별도로 기재된 카드전표 또는 현금영수증을 받아야 하기 때문이다.

 만일 사례자가 부가세를 제외한 자신의 수입을 100만 원으로 하고 싶다면 총공급대가를 104만 원으로 해도 되는가?

아니다. 일반 간이과세자는 4,800만 원까지는 부가세를 납부하지 않기 때문이다. 만일 104만 원으로 해서 영수증을 발행하면 4만 원의 추가수입이 생기는 셈이 된다.

| Tip | 과세유형에 따른 부가세 납부세액 비교 |

예) 매출 100만 원(부가세 10만 원 별도), 매입 100만 원(부가세 10만 원 별도)인 경우

구분	일반과세자	세금계산서 발행 간이과세자	일반 간이과세자
매출세액	10만 원	44,000원	44,000원
−매입세액(공제세액)	10만 원	5,500원	5,500원
=납부할 세액	0원	38,500원	0원*

* 간이과세자는 환급이 되지 않는다.

일반과세자 등의
매출영수증 발행법

앞에서 보면 중개사무소가 매출을 발생시킬 때, 부가세 과세유형에 따라 거래상대방에게 징수해야 하는 부가세액이 달라진다. 요약하면, 일반과세자와 세금계산서 발행 간이과세자(일반과세자 등)는 10%의 부가세를 별도로 받아야 하고, 그 외 간이과세자는 별도로 10%를 징수하지 못한다. 그렇다면 이때 중개사무소는 어떤 영수증을 거래상대방에게 발행할까? 먼저 일반과세 등부터 살펴보자.

1. 일반과세자 등 매출영수증 발행법

중개사무소가 일반과세자 등에 해당하면 연간 매출액이 4,800만 원 이상이 된다. 따라서 이러한 사업자는 부가세 업무 처리를 할 수 있는 능력이 있다고 보아 다음과 같은 방식으로 영수증을 발행해야 한다.

1) 원칙

일반과세자 등인 중개사무소는 원칙적으로 세금계산서를 발행해야 한다(부가법 제32조). 다만, 세금계산서를 발행하기가 어렵거나 불필요한 경우에는 이의 발행 의무를 면제한다(부가법 제33조 제1항). 이에는 택시운송업, 노점업, 미용업, 소매업(거래상대방이 세금계산서를 요구하지 않는 경우에 한함) 등이 포함되나, 중개업은 열거되어 있지 않다. 한편 부가법 제33조 제2항에서는 중개업을 포함한 소비자 상대 업종의 사업자가 카드전표나 현금영수증을 발행한 경우에는 세금계산서를 발행할 수 없도록 하고 있다. 이들도 세금계산서와 같은 역할을 하기 때문이다. 따라서 여기까지 보면 일반과세자 등인 중개업은 세금계산서, 카드전표, 현금영수증* 중 하나를 발행하면 됨을 알 수 있다.

* 정규영수증을 말한다.

2) 예외

부가법 제36조 제1항에서는 다음에 해당하는 사업자에 대해서는 세금계산서 대신 일반영수증*을 발행하도록 하고 있다. 소비자들에게 세금계산서를 끊어줄 필요가 없기 때문이다.

* 영수증이란 세금계산서의 필요적 기재사항 중 공급받는 자와 부가세를 별도로 기재하지 않은 약식계산서를 말하며, 정규영수증이 아니다.

> 1. 주로 사업자가 아닌 자에게 재화 또는 용역을 공급하는 사업자로서 대통령령으로 정하는 사업자*
>   * 이에는 소매업, 음식점업, 중개업 등이 열거되어 있음.
> 2. 간이과세자 중 다음 각 목의 어느 하나에 해당하는 자
>   가. 전년도의 공급대가의 합계액(직전 과세 기간에 신규로 사업을 시작한 개인사업자의 경우 환산한 금액)이 4,800만 원 미만인 자*
>   * 이에 해당하는 간이과세자는 세금계산서를 발행할 수 없고 영수증을 발행해야 함.

따라서 일반과세자 등인 중개업도 소비자 상대 업종에 해당하므로 영수증을 발행하면 된다. 하지만, 부가법 제36조 제3항에서는 사업자가 사업자등록을 제시하고 세금계산서의 발행을 요구하면 세금계산서를 발행해주도록 하고 있다. 따라서 거래상대방이 세금계산서 발행을

요구하지 않으면 영수증을 발행하면 된다고 할 수 있다. 그런데 소득법에서는 현금영수증 가맹점 가입 의무를 두고 10만 원 이상의 거래 시 의무적으로 현금영수증을 발행하도록 하고 있다.

이러한 내용을 종합해보면 일반과세자 등인 중개업은 다음과 같은 영수증 중 하나를 발행해야 할 것으로 보인다. 물론 이때 공급가액 외 부가세 10%가 별도로 구분되어야 한다.

▶ (전자) 세금계산서* 또는
▶ 카드전표** 또는
▶ 현금영수증***

* 거래상대방이 요구하는 경우에 발행한다. 참고로 전년도 매출액이 8,000만 원 이상인 경우에는 2024년 7월 1일부터 세금계산서를 전자적으로 발행해 발행한 다음 날까지 국세청에 전송해야 한다.
** 현금이 아닌 결제수단으로 결제하는 경우에 발행한다.
*** 현금으로 결제하는 경우에 발행한다.

2. 적용 사례

사례 1

K 중개사무소는 일반과세자로 다음과 같이 중개를 했다. 물음에 답하면?

| 자료 |
- 20X4년 3월 부동산 중개로 100만 원(부가세 불포함) 매출 발생
- 위 보수료는 현금으로 지급받을 예정임.

Q1. 거래상대방이 개인이라면 어떤 영수증을 발행해야 하는가?

개인으로부터 현금을 받으면 세금계산서가 아닌 일반영수증을 발행하면 된다. 하지만 현실적으로 K 사무소는 일반영수증을 발행할 수 없

다. 중개업은 10만 원 이상 거래에 대해서는 무조건 현금영수증을 발행하도록 하고 있기 때문이다(소득법 제162조의 3).

Q2. 거래상대방이 법인이라면, 어떤 영수증을 발행해야 하는가?

법인은 세금계산서를 요구하는 경우가 일반적이므로 대부분 세금계산서를 발행하는 경우가 많다. 물론 이때에는 전자세금계산서를 발행하는 것이 원칙이다.

Q3. 앞의 사무소가 법인이라면, 이 경우에는 어떤 영수증을 발행해야 하는가?

중개법인도 앞의 개인 중개사무소처럼 건당 10만 원 이상의 거래에 대해서는 현금영수증을 의무적으로 발행해야 한다(법인세법 제117조의 2 제4항). 다만, 법인이 전자세금계산서를 발행하면 현금영수증을 발행하지 않아도 된다.

> **사례 2**
>
> **L 중개사무소는 세금계산서 발행 간이과세자로 다음과 같이 중개를 했다. 물음에 답하면?**

> **| 자료 |**
> • 20X4년 3월 부동산 중개로 100만 원(부가세 불포함) 매출 발생
> • 위 보수료는 현금으로 지급받을 예정임.

Q1. L 중개사무소는 부가세 10%를 징수해야 하는가?

4,800~8,000만 원 사이의 간이과세자는 세금계산서 등의 발행 의무가 있다. 따라서 물음의 경우 110만 원의 보수료를 받은 후 세금계산서

등을 발행해야 한다.

Q2. 거래상대방이 개인이라면 어떤 영수증을 발행해야 하는가?

개인으로부터 현금을 받으면 세금계산서가 아닌 영수증을 발행하면 된다. 하지만 현실적으로 L 사무소는 영수증을 발행할 수 없다. 중개업은 10만 원 이상 거래에 대해서는 무조건 현금영수증을 발행하도록 하고 있기 때문이다. 따라서 이 경우, 현금영수증(공급가액 100만 원, 부가세 10만 원)을 발행해야 한다.

 만일 소비자가 부가세를 주지 않으면 어떻게 해야 하는가?

지급받은 금액 100만 원에 부가세가 포함된 것으로 보고 현금영수증(공급가액 909,091원, 부가세 90,909원)을 발행해야 한다.

Q3. L 사무소로부터 세금계산서 등을 받은 사업자는 매입세액공제를 받을 수 있는가?

사업자가 일반과세자에 해당하면 매입세액공제를 받을 수 있다. 사례의 경우 10만 원이 이에 해당한다.

사례 3

P 중개사무소는 일반과세자로 이번에 1,000만 원(부가세 별도)짜리 중개보수료를 지급받았다. 그런데 이 중 300만 원은 중개보조원에게 성과급으로 배분하려고 한다. 물음에 답하면?

Q1. 세금계산서를 발행할 때 700만 원으로 공급가액으로 하면 되는가?

아니다. 1,000만 원으로 발행해야 한다. P 중개사무소가 계약의 주체가 되기 때문이다.

Q2. 중개보조원에게 지급되는 성과급은 원천징수를 해야 하는가?

그렇다. 고용 관계에 있으면 근로소득으로, 고용 관계가 없으면 사업소득으로 원천징수를 해야 한다.

| Tip | 중개업과 (전자) 세금계산서 제도 요약 |

매출액이 일정액 이상인 중개사무소와 법인은 종이(세금)계산서 대신 전자(세금)계산서를 발행하고 기한 내에 국세청에 전송해야 한다. 이의 의무를 위반하면 가산세가 부과된다.

구분	개인 중개사무소	중개법인
2024년 7월 1일 전	전년도 매출 1억 원 이상	무조건 발행
2024년 7월 1일 이후	전년도 매출 8,000만 원 이상	
국세청 전송 기한	전자(세금)계산서 발행일의 다음 날 (공휴일, 토요일 또는 근로자의 날이면 그 다음 날)	좌동
전자(세금)계산서 지연전송 가산세	0.3% (위 전송 기한~확정신고 기한 내 전송 시)	좌동
전자(세금)계산서 미전송 가산세	0.5% (확정신고 기한 후 전송 시)	좌동

일반 간이과세자의
매출영수증 발행법

연간 매출액이 4,800만 원에 미달하는 간이과세자는 부가세가 별도로 기재된 세금계산서나 카드전표, 현금영수증을 발행할 수 없다. 그 대신 공급대가만을 기재한 일반영수증을 발행해야 한다. 물론 이때 영수증은 신용 카드단말기나 현금영수증 단말기를 통해 발행할 수 있다. 따라서 간이과세자인 중개업은 다음과 같은 영수증 중 하나를 발행해야 할 것으로 보인다. 물론 부가세 10%는 별도로 기재되지 않는다.

▶ 영수증 또는
▶ 카드전표 또는
▶ 현금영수증*

* 현금으로 결제하는 경우에 발행한다.

사례

L 중개사무소는 간이과세자로 다음과 같이 중개를 했다. 물음에 답하면?

Q1. L 중개사무소가 세금계산서 발행 간이과세자면 어떤 영수증을 발행해야 하는가?

이러한 간이과세자는 원칙적으로 일반과세자처럼 세금계산서나 현금영수증 등을 발행해야 한다. 따라서 이 경우 공급가액은 500만 원이고 부가세는 50만 원이 된다.

Q2. L 중개사무소가 일반 간이과세자면 어떤 영수증을 발행해야 하는가?

간이과세자는 세금계산서를 발행할 수 없으므로 이러한 사업자는 영수증을 발행해야 한다. 물론 부가세 표시가 없는 현금영수증도 가능하다.

☞ 일반 간이과세자의 경우, 세금계산서 발행을 금지한 이유는 이들로부터 부가세 걷기가 힘든 한편 거래상대방이 매입세액을 공제받을 수 있어 세수 감소의 효과가 발생하기 때문이다.

Q3. 만일 L 사무소가 세금계산서를 발행할 수 없는 간이과세자임에도 불구하고 세금계산서를 발행해 교부하면, 이 경우 어떤 문제가 발생하는가?

해당 세금계산서는 효력이 없으므로 매입세액공제는 받을 수 없다. 이를 착오로 발행한 간이과세자에게는 가산세 등 특별한 불이익이 없다(부가, 부가가치세과-583, 2014.06.18. 참조).

부가세법 세금계산서 등과 소득법상 정규영수증과의 관계

부가세법상 영수증		소득법상 영수증 제도
세금계산서, 카드전표, 현금영수증	⇒	정규영수증에 해당
일반영수증		비정규 영수증에 해당→지출증명 서류 미수취 가산세 등 부과*

* 단, 소규모사업자와 기존사업자 중 3만 원 이하의 거래 등에 대해서는 가산세를 부과하지 않는다.

중개업의
현금매출 관련 의무

중개사무소가 제공하는 중개 서비스에 대한 중개보수료 중 일부는 현금으로 결제되는 경우가 많다. 이에 소득법은 현금매출을 노출하기 위해 현금영수증 제도를 운용하고 있으며, 부가법에서는 부가세 신고 시에 현금매출명세서를 제출하도록 하고 있다. 물론 이러한 의무를 불이행하면 가산세가 부과된다.

1. 소득법상 현금영수증 제도

소득령 제210조의 3에서는 주로 소비자 상대 업종을 영위하는 사업자들에 대해 현금영수증 가맹점에 가입하도록 하는 한편, 이 중 일부 업종에 한해서는 건당 거래금액이 10만 원 이상이면 무조건 현금영수증을 발행하도록 요구하고 있다. 후자의 경우 미발행금액의 20%에 해당하는 가산세가 부과될 만큼 상당히 파괴력이 있다.

▶ 중개업 : 소비자 상대 업종에 해당하며 10만 원 이상의 거래 시 반드시 현금영수증을 발행해야 한다.

🔁 현금영수증 의무발급 등에 대해서는 제2장에서 자세히 살펴보았다.

2. 중개업 현금매출명세서 제출

부가법 제55조에서는 업종의 특성 및 세원 관리를 고려해 대통령령으로 정하는 사업을 하는 사업자는 예정 신고 또는 확정신고를 할 때 기획재정부령으로 정하는 현금매출명세서를 함께 제출하도록 하고 있다. 이에 대한 의무를 이행하지 않으면 1%의 가산세를 부과한다.

1) 대상 업종

다음의 업종 중에서 대통령이 정하는 사업으로 한다.

1. 부동산업
2. 전문서비스업, 과학서비스업과 기술서비스업
3. 보건업
4. 그 밖의 개인 서비스업

앞에서 대통령령으로 정하는 사업은 예식장업, 중개업, 보건업(병원과 의원으로 한정한다)과 제109조 제2항 제7호*의 사업을 말한다(부가령 제100조).

* 이는 다음의 사업을 말한다.
변호사업, 심판변론인업, 변리사업, 법무사업, 공인회계사업, 세무사업, 경영지도사업, 기술지도사업, 감정평가사업, 손해사정인업, 통관업, 기술사업, 건축사업, 도선사업, 측량사업, 공인노무사업, 의사업, 한의사업, 약사업, 한약사업, 수의사업과 그 밖에 이와 유사한 사업 서비스업으로서 기획재정부령으로 정하는 것

▶ 중개업 : 이 업종은 부동산업에 속하므로 현금매출명세서 제출 업종에 해당한다.

2) 제출 대상자

현금매출명세서 제출 대상은 부가세 과세사업자 중 일반과세자만 해

당한다(부가법 제61조 참조). 참고로 현금매출명세서 제출 의무는 부가법 제5장 제55조에 규정되어 있다.

▶ 중개업 : 일반과세자만 제출 대상자가 된다.

3) 서식 작성
다음의 서식을 참조하기를 바란다.

3. 적용 사례
현금매출명세서 제출과 관련된 사례 몇 가지만 살펴보자.

Q1. 중개업을 영위하는 간이과세자도 이 명세서를 제출해야 하는가?
간이과세자는 해당 사항이 없다. 여기서 간이과세자는 연간 8,000만 원(임대업은 4,800만 원)에 미달하는 사업자를 말한다.

Q2. 면세업에 해당해도 현금매출명세서를 제출해야 하는가?
아니다. 면세사업자의 경우 현금매출명세서 작성 및 제출 대상이 아니며, 사업장 현황신고서 및 업종별 수입금액 명세서를 제출하면 된다.

Q3. 현금매출명세서를 제출 업종 외의 업종매출도 포함해야 하는가?
그렇다. 현금매출명세서상에서는 다른 업종의 매출도 포함해 작성해야 한다.

■ 부가법 시행규칙 [별지 제26호서식](2013.06.28 개정)

현금매출명세서

년 제 기 (월 일 ~ 월 일)

※ 다음의 작성 방법을 읽고 작성하시기 바랍니다.

① 상호(법인명)	② 성명(대표자)	③ 사업자등록번호		

공급가액	④ 합계		⑤ 현금매출		정규영수증 매출					
					⑥ 세금계산서		⑦ 신용카드		⑧ 현금영수증	
	건수	금액	건수	금액	건수	금액	건수	금액	건수	금액

현금매출 명세						
⑨ 일련번호	⑩ 의뢰인		⑪ 거래일	⑫ 거 래 금 액		
	주민등록번호 (또는 사업자 등록번호)	성명 (또는 상호)		공급대가	공급가액	부가세
합계						

작 성 방 법

① ~ ④는 제출자의 상호 또는 법인명과 대표자, 사업자등록번호를 적습니다.

⑤ : 세금계산서 발행분 중 부가법 제3조 제1항 제2호 단서에 따라 주민등록번호를 적은 부분은 ⑤ 현금매출 란에 포함해 적습니다.

⑥ : 세금계산서를 발행한 후 카드전표를 발행한 경우에는 ⑥ 세금계산서 란에만 적습니다.

⑨ ~ ⑫는 현금매출 내용을 적습니다.

중개업 매출영수증
발행 사례

중개업을 일반과세자(세금계산서 발행 간이과세자) 또는 일반 간이과세자로 운영하는 경우의 영수증 발행과 관련된 내용을 사례를 통해 순차적으로 정리해보자.

1. 일반과세자(세금계산서 발행 간이과세자 포함)

Q1. 거래상대방이 사업자면 세금계산서를 발행하고 있다. 문제는 없는가?

그렇다.

Q2. 거래상대방이 신용카드로 결제한 경우, 세금계산서도 같이 발행하면 세무상 문제점은?

동일한 거래 건에 대해 이중으로 매출이 잡힐 가능성이 있으며, 거래 상대방은 이중으로 매입세액공제의 가능성이 있다. 이에 대해 부가법은 신용카드로 결제한 경우, 세금계산서는 발행할 수 없도록 하고 있다.

Q3. Q2에서 카드전표와 세금계산서를 동시에 발행하면 가산세는 있는가?

아니다. 이에 대해서는 가산세를 부과하지 않는다(서면 3팀-1916, 2004. 9. 1).

Q4. 사업자인 거래상대방이 현금을 지급한 때도 세금계산서를 발행할 수 있는가?

중개업의 경우 현금영수증 의무발행 업종에 해당한다. 따라서 거래금액이 10만 원 이상이면 의무적으로 현금영수증을 발행해야 한다. 다만, 사업자등록을 한 자에게 재화 또는 용역을 공급하고 계산서 또는 세금계산서를 발행한 경우에는 현금영수증을 발행하지 아니할 수 있다(소득법 제162조의 3 제4항 단서).

Q5. 비사업자인 거래상대방이 현금을 지급한 때도 세금계산서를 발행할 수 있는가?

비사업자에게 주민등록번호를 기재한 전자세금계산서*를 발행하고 동 세금계산서 발급내역을 국세청장에게 전송한 경우, 동 거래는 소득법 제162조의 3 제4항에 따른 현금영수증 의무발행 대상에 해당하지 않는 것으로 본다. 따라서 이 경우에는 현금영수증을 발행하지 않아도 된다. 아래 예규를 참조하기를 바란다.

* 종이 세금계산서를 발행하면 현금영수증 미발행에 따른 가산세 2%를 부과한다.

※ 재소득-547, 2011.12.21

현금영수증 의무발행사업자가 현금거래에 대해 비사업자에게 주민등록번호 기재분 전자세금계산서를 발행한 경우 현금영수증 의무발행 대상 아님.

Q6. 만일 부가세를 제외한 중개보수료가 100만 원이라고 하자. 거래상대방이 부가세를 내지 않겠다고 하면 일반영수증을 발행하면 될까?

아니다. 10만 원 넘어가면 무조건 현금영수증을 발행해야 한다. 따라서 이 경우 100만 원을 1.1로 나눠 부가세를 계산해 납부해야 한다. 일종의 매출할인이 발생하는 셈이 된다.

☞ 부가세 별도표시가 되어 있지 않으면 공급가액에 부가세 포함된 것으로 본다.

2. 일반 간이과세자

Q1. 거래상대방이 사업자면 세금계산서를 발행하고 있다. 문제는 없는가?

있다. 사례의 간이과세자는 세금계산서를 발행할 수 없다. 따라서 이 세금계산서는 법적 효력이 없으므로 매입세액공제를 받을 수 없다.

Q2. 거래상대방이 신용카드로 결제하면 문제가 없는가?

그렇다. 원래 간이과세자는 영수증을 발행하지만, 카드전표나 현금영수증을 발행해도 된다. 물론 이러한 매출전표 등에는 부가세가 별도로 표시되어 있지 않다.

Q3. 비사업자인 거래상대방이 현금을 지급한 경우, 현금영수증을 발행해야 하는가? 아니면 일반영수증을 발행해야 하는가?

일단 간이과세자인 중개사무소의 전년도 공급대가가 2,400만 원(월 200만 원) 이상이면 현금영수증 가맹점에 의무적으로 가입해야 한다. 따라서 사례의 경우 현금영수증을 발행해야 한다. 이때 현금영수증에는 부가세가 별도로 기재되지 않는다.

Q4. 앞 Q3에서 거래상대방이 지급한 현금은 50만 원이다. 그런데 거래상대방은 별도의 영수증을 요구하지 않아 이를 발행하지 않았다. 어떤 문제점이 있는가?

가산세 20%가 발생할 수 있다. 현금영수증 의무발행 업종의 경우 거래금액이 10만 원 이상이면 거래상대방에게 현금영수증을 발행하거나 물음처럼 발행을 원치 않으면 국세청이 지정한 전화번호(010-000-1234)

를 통해 무조건 발행해야 하기 때문이다.

❹ 현금영수증 의무발행은 소득세(법인세)법에서 규정된 제도로 거래상대방이 일반과세자든지 간이과세자이든지 면세사업자이든지 개인이든지 법인이든지 간에 관계없이 무조건 적용된다. 이는 현금수입의 누락을 막기 위한 제도에 해당하기 때문이다.

Tip	중개업 세금계산서 등 발행 의무		
구분	일반과세자	간이과세자	
		4,800만 원 미만	4,800~8,000 만 원 미만
부가법 세금계산서 발행	의무	불가	의무
전자세금계산서 발행(2024.7.1)	의무	불가	가능
카드전표발행	가능	가능*	가능
현금영수증 발행	가능	가능*	가능
일반영수증 발행	–	가능*	–
소득법 신용카드/ 현금영수증 가맹점 가입 의무	전년도 수입금액 2,400만 원 이상인 소비자 상대 업종** ❹ 10만 원 미만 거래 시 적용		
현금영수증 의무발행	수입금액과 무관하게 지정된 현금영수증 의무발행 업종*** ❹ 10만 원 이상 거래 시 적용		

* 일반 간이과세자는 부가세 구분 없이 공급대가로 표시됨. 일반과세자와 세금계산서 발행 간이과세자는 공급가액과 부가세가 구분되어 표시됨.

** 음식점업 전체와 중개업 등이 망라되어 있음(소득령 별표 3의 2). 미가입(1%), 발행거부 및 사실과 다르게 발행(5% 등) 시 가산세 있음.

*** 일반의원 및 중개업 등이 망라되어 있음(소득령 별표 3의 3). 의무발행 위반 시 20% 가산세 있음.

정규영수증을
발행하는 방법

이제 이 장을 종합하는 관점에서 정규영수증, 즉 세금계산서나 현금 영수증을 발행하는 방법에 대해 알아보자. 이에 대한 정보는 실전에서 자주 부닥칠 수 있는 내용이므로 이번 기회에 확실히 정리해두면 좋을 것으로 보인다.

1. 정규영수증의 발행기준

정규영수증은 세금계산서(면세는 계산서), 카드전표, 현금영수증을 말한다. 이 외의 영수증은 비정규 영수증(일반영수증)을 말한다. 비정규 영수증은 흔히 '간이영수증'으로 불리며 이에는 부가세가 별도로 구분되어 있지 않다.

구분	정규영수증	일반영수증(간이영수증)
개념	일반과세자 및 세금계산서 발행 간이 과세자가 발행하는 영수증(부가세 별도 구분)	일반과세가 발행하는 비정규 영수증 (부가세 별도 구분되지 않음)
총 받아야 할 대가	공급가액+부가세 10%	공급대가(부가세 4% 포함)

예) 부가세를 제외한 중개보수료 100만 원을 받고자 하는 경우 총 수령액은?

구분	정규영수증	일반영수증
총 받아야 할 대가	공급가액+부가세 10%	공급대가(부가세 4% 포함)
물음의 경우	100만 원+10만 원=110만 원	100만 원+4만 원=104만 원*

* 납부면제가 적용되면 100만 원을 받아도 세후 수입금액은 100만 원이 된다.

참고로 일반 소비자로서는 간이과세자와 거래하는 것이 더 나은 방법이 된다. 하지만 사업자의 관점에서는 일반과세자가 더 낫다. 10만 원을 매입세액공제로 받을 수 있고, 정규영수증 미수취에 따른 가산세를 피할 수 있기 때문이다.

👉 사업자가 3만 원 이상의 거래 시 세금계산서 같은 정규영수증을 받지 못하면 영수증 미수취 가산세(1%)가 부과되므로 사업자는 간이과세자와의 거래를 기피하는 현상이 발생한다. 다만, 이러한 상황에서 간이과세자가 세금계산서를 발행하고 싶다면 간이과세자를 포기하면 된다.

2. 과세유형별 정규영수증 등 발행

부가세 과세유형별로 영수증 발행법을 정리하면 다음과 같다.

구분	영수증	비고
① 일반 간이과세자	일반영수증	
② 세금계산서 발행 간이과세자	정규영수증	
③ 일반과세자		매출액이 8,000만 원 이상 시 전자세금계산서 발행 의무가 있음.

3. 적용 사례

사례를 통해 앞의 내용을 좀 더 자세히 알아보자.

Q1. 간이과세자가 100만 원의 보수료를 받으면 부가세는 얼마나 되는가?

공급대가인 100만 원에 4%를 곱하면 4만 원이 매출세액이 된다.

Q1의 간이과세자는 해당 부가세를 납부해야 하는가?

아니다. 연간 공급대가가 4,800만 원에 미달한 경우에는 부가세 납부 의무가 면제되기 때문이다.

Q2. 전년도 공급대가 합계액이 4,800만 원 미만인 간이과세자는 종전과 같이 영수증만 발급할 수 있는지, 세금계산서와 영수증 중 선택해서 발급할 수 있는지?

전년도 공급대가의 합계액이 4,800만 원 미만인 간이과세자는 세금계산서를 발급할 수 없으며, 영수증만 발급해야 한다.

Q3. 세금계산서 발행 간이과세자는 100만 원을 자신의 수입으로 하고 싶다면 총 얼마를 받아야 하는가? 세금계산서를 발행한 경우와 현금영수증을 발행한 경우를 같이 답하면?

구분	세금계산서	현금영수증
총 받아야 할 대가	공급가액+부가세 10%	좌동
물음의 경우	100만 원+10만 원=110만 원	좌동

Q4. 세금계산서 발행 의무가 있는 간이과세자가 당해 연도 공급대가 4,800만 원 미만으로 납부 의무 면제 대상에 해당하면 세금계산서 미발급 시 세금계산서 관련 가산세가 부과되는지?

세금계산서 발급 의무가 부여된 간이과세자는 납부 의무 면제 대상 여부에 불문하고 세금계산서를 발급하지 않으면 세금계산서 관련 가산세가 부과된다.

☞ 전년도 공급대가의 합계액이 4,800만 원 이상이면 세금계산서 발급 의무가 부여되며, 당해 연도 공급대가의 합계액이 4,800만 원 미만이면 납부 의무 면제 대상에 해당하므로 부가세 신고 시 유의해야 한다.

Q5. 사업자등록번호를 입력하면 세금계산서 발급 의무가 있는 간이 과세자와 그 외 간이과세자를 확인할 수 있는 화면이 준비되어 있는지?

홈택스에 접속한 후 [상담/기타]→[사업자 상태]→[사업자등록번호로 조회]에서 확인할 수 있다.

Q6. 전년도 매출액이 1억 원(2024. 7. 1 이후는 8,000만 원) 넘는 일반과세자가 종이 세금계산서를 발행하면 어떤 문제가 있는가?

전자세금계산서 의무발급자가 전자 외로 발급한 경우 공급가액의 1% 가산세가 있다.

Q7. 전자세금계산서는 어떻게 발행해야 하는가?

국세청 홈택스를 통해 발행할 수 있다.

중개사무소에서 용역을 제공하고 대가를 받을 때 신용카드를 결제하거나 현금영수증을 발행하면 큰 문제는 없다. 그런데 세금계산서는 주의해야 한다. 비교적 금액이 큰 경우에 발행 시기를 잘못 이해하면 관련 가산세 등이 기다리고 있기 때문이다. 이러한 용역의 공급 시기는 부가법 제16조에서 정하고 있는데, 이를 요약하면 다음과 같다.

• 원칙 : 용역제공의 완료일
• 예외 : 중간지급 조건부 계약*의 경우 대가의 각 부분을 받기로 한 때 등

  * 계약금을 받기로 한 날의 다음 날부터 용역의 제공을 완료하는 날까지의 기간이 6개월 이상인 경우로서 그 기간 이내에 계약금 외의 대가를 분할해서 받는 경우

부가세 신고 등 실전에 필요한 내용을 살펴보기 전에 과세당국이 중개업에 대한 매출을 드러내기 위해 어떤 제도들을 적용하고 있는지 종합해보자.

1. 부가가치세법상 제도

부가법에서는 정규영수증을 주고받도록 하며, 현금매출의 경우 부가세 신고 시 현금매출명세서를 제출하도록 하고 있다.

구분	내용	비고
매출 정규영수증 교부의무	일반과세자와 세금계산서 발행 간이과세자	이 외 간이과세자는 일반영수증 교부
현금매출명세서 제출 의무	일반과세자에 한함.	

● 부가법은 주로 연간 매출이 4,800만 원 이상인 간이과세자와 일반과세자를 대상으로 규제를 강화하고 있다. 하지만 이에 해당하지 않는 간이과세자들은 규제의 대상에서 제외되고 있다.

2. 소득세법상 제도

매출을 노출하기 위해서는 앞에서 본 부가법상의 제도가 중요하다. 이의 제도가 정착되면 매출이 정확히 노출되기 때문이다. 그런데 현행 소득법에서는 부가법에서 정하지 않는 제도 몇 가지를 따로 두고 있다. 그 중 대표적인 것이 바로 현금영수증 의무발행이다.

구분	내용	비고
현금영수증 의무발행	건당 10만 원 이상 거래 시 현금영수증 무조건 발급	소비자 상대 업종

3. 매출이 드러나는 과정

중개업과 관련해 매출이 드러나는 과정을 알아보자. 먼저 대부분 거래 형태는 다음과 같이 일어난다.

① 일반과세자	용역 제공 ⇒	④ 최종소비자(개인)	
② 세금계산서 발행 간이과세자			
③ 간이과세자	대가 수령 ⇐	⑤ 사업자(법인 포함)*	

* 사업자가 면세사업자이거나 간이과세자면 부가세 환급이 되지 않기 때문에 세금계산서 등을 받지 않으려고 할 수 있다.

이 중 거래상대방이 ⑤인 경우에는 매출 누락이 쉽지 않다. 사업자는 자신의 경비 처리를 위해 정규영수증을 요구하기 때문이다. 하지만 ④의 경우에는 그렇지 않다. 개인은 영수증을 받아도 쓸모가 없는 경우가 많기 때문이다. 하지만 향후 부동산을 양도할 때 이에 대한 필요경비로 사용하기 위해 정규영수증을 요구하는 경우가 많다.

4. 적용 사례

사례를 들어 앞의 내용을 이해해보자.

Q1. 임대인과 임차인은 전세나 월세에 대한 중개보수료를 어떤 식으로 활용할까?

임대인과 사업자인 임차인이 중개사무소에 지급하는 보수료는 그의 비용이 되며, 비사업자인 임차인이 근로자라면 연말정산 때 신용카드 등 소득공제 자료로 활용된다. 그 외는 직접 사용되는 곳은 없다.

Q2. Q1에서 사업자는 보수료에 대한 자료를 국세청에 보고하는가?

정규영수증(세금계산서, 카드전표, 현금영수증)을 수취하면 부가세 신고 때 매입공제서류로 제출하게 된다. 이 서류에는 사업자등록번호 등이 포함된다. 하지만 이 정규영수증을 수취하지 않으면 소득세 신고 때 영수증 미수취에 따른 명세서를 제출하게 되는데, 이때에는 유형에 따른 합계액만 제출되므로 관련 업체에 대한 정보를 제출되지 않는다. 그 결과, 당장 문제 소지는 없을 수 있지만 향후 세무검증이나 조사 시 이에 관한 확인을 거칠 수 있다.

Q3. 부동산을 양도 또는 매수하면서 지급한 중개보수료는 어떤 식으로 처리되는가?

양도자는 양도가액에서 차감되는 필요경비로 처리하며, 매수자도 향후 이를 양도할 때 마찬가지로 필요경비로 처리할 수 있다. 이 과정에서 중개보수료의 내용이 드러나게 된다. 다만, 1세대 1주택으로 12억 원 이하의 주택은 비과세가 되고, 이 경우 신고하지 않는 것이 일반적이므로 이 경우에는 해당 보수료가 드러나지 않는다.

👉 양도세 계산 시 필요경비는 다음 페이지의 서식에 맞춰 작성한다. 참고하기를 바란다.

Q4. 중개보수료를 지급했지만, 정규영수증을 받지 못한 경우가 있다. 이때 중개대상물확인설명서 등에 의해 기재된 보수료를 기준으로 신고하면 문제가 없는가?

그렇다. 지급 사실을 입증할 수 있는 입증서류 즉 중개대상물확인설명서, 무통장입금증이 있으면 가능하기 때문이다. 이때 홈택스로 전자신고 시 부속서류로 제출한다.

법정 보수료를 초과한 수수료도 필요경비로 인정되는가?
당연하다.

취득가액 및 필요경비계산 상세 명세서(1)

구 분			구분코드	거래상대방		지급일	지급금액	영수증종류(코드)
				상호	사업자등록번호			
취득가액	① 타인으로부터 매입한 자산	매 입 가 액	111					
		취 득 세	112					
		등 록 세	113					
		기타부대비용 법 무 사 비 용	114					
		기타부대비용 취 득 중 개 수 수 료	115					
		기타부대비용 기 타	116					
		소 계						
	② 자기가 제조·생산·건설한 자산		120					
			120					
	③ 가산항목	취득시쟁송비 변 호 사 비 용	131					
		취득시쟁송비 기 타 비 용	132					
		매 수 자 부 담 양 도 소 득 세	133					
		기 타	134					
		소 계						
	④ 차감항목	감 가 상 각 비	141					
	⑤ 계 (①+③-④ 또는 ②+③-④)							
기 타 필 요 경 비	자본적지출액등	⑥ 자본적지출액 용도변경·개량·이용편의를 위한 지출	260					
		⑥ 자본적지출액 엘 리 베 이 터 , 냉 난 방 설 치	260					
		⑥ 자본적지출액 피 난 시 설 등 설 치	260					
		⑥ 자본적지출액 재해 등으로 인한 자산의 원상복구	260					
		⑥ 자본적지출액 개 발 부 담 금 재 건 축 부 담 금	261					
		⑥ 자본적지출액 자 산 가 치 증 가 등 수 선 비	260					
		⑥ 자본적지출액 기 타	260					
		소 계						
		⑦ 취득후쟁송비용 변 호 사 비 용	271					
		⑦ 취득후쟁송비용 기타소송, 화해비용	272					
		⑧ 기타비용 수 익 자 부 담 금	281					
		⑧ 기타비용 토 지 장 애 철 거 비	280					
		⑧ 기타비용 도 로 시 설 비 등	280					
		⑧ 기타비용 사 방 사 업 소 요 비 용	280					
		⑧ 기타비용 기 타	280					
		소 계						
		⑨ 계 (⑥+⑦+⑧)							
	양도비등	⑩ 양도시 중개수수료등 직접 지출비용	290					
		⑪ 국민주택채권 및 토지개발채권 매각차손 등 기타경비	291					
		⑫ 계 (⑩+⑪)							
		⑬ 기타 필요경비 계 (⑨+⑫)							

제4장

•••••

중개사무소의
부가가치세 신고

일반과세자의
부가세 신고

중개업은 부가세가 과세되는 사업자에 해당한다. 이때 과세유형은 크게 일반과세와 간이과세로 구분된다. 한편 간이과세는 세금계산서를 발행해야 하는 간이과세자와 그 외 일반 간이과세자로 구분된다. 따라서 중개사무소는 이러한 유형에 따라 부가세 신고를 해야 한다. 먼저 일반과세자인 중개업의 부가세 신고 방법부터 살펴보자. 참고로 부가세 신고는 본인이 홈택스를 통해 직접 할 수도 있고, 아니면 외부의 세무회계사무소에 업무를 대행해 신고할 수도 있다. 매출액이 복식장부 수준이 되면 후자의 방법으로 신고하는 경우가 일반적이다.

1. 일반과세자의 부가세 계산구조

일반과세자의 부가세 계산구조를 신고 서식을 통해 알아보면 다음과 같다(서식 일부 수정함).

구분				금액	세율	세액
과세 표준 및 매출 세액	과 세	세금계산서 발행분	(1)		10/100	
		신용카드·현금영수증 발행분	(3)		10/100	
		기타(정규영수증 외 매출분)	(4)		10/100	
	예정 신고 누락분		(7)			
	대손세액 가감		(8)			
	합계		(9)		㉮	
매입 세액	세금계산서 수 취 분	일반매입	(10)			
		고정자산매입	(11)			
	그 밖의 공제매입세액		(14)			
	합계 (10)-(10-1)+(11)+(12)+(13)+(14)		(15)			
	공제받지 못할 매입세액		(16)			
	차감계 (15)-(16)		(17)		㉯	
납부(환급)세액 (매출세액㉮-매입세액㉯)					㉰	
경감 · 공제 세액	그 밖의 경감·공제세액		(18)			
	신용카드 매출전표 등 발행공제 등		(19)			
	합계		(20)		㉱	
소규모 개인사업자 부가세 감면세액			(20-1)		㉲	
예정 신고 미환급세액			(21)		㉳	
예정 고지세액			(22)		㉴	
가산세액 계			(26)		㉮	
차감·가감해 납부할 세액(환급받을 세액)(㉰-㉱-㉲-㉳-㉴-㉵-㉶-㉷+㉮)			(27)			

일반과세자는 매출세액에서 매입세액과 기타공제세액을 차감해 납부세액을 계산한다. 이에 대한 자세한 내용은 순차적으로 살펴본다.

2. 일반과세자의 부가세 신고 방법

일반과세자의 부가세 신고는 앞의 서식에 맞게 내용을 기재해 다음 기한에 맞춰 신고서를 제출하면 된다.

과세 기간*	과세 대상 기간		신고·납부 기간	신고 대상자
제1기 1.1~6.30	예정 신고	1.1~3.31	4.1~4.25	법인사업자**
	확정신고	1.1~6.30	7.1~7.25	법인·개인 일반사업자
제2기 7.1~12.31	예정 신고	7.1~9.30	10.1~10.25	법인사업자**
	확정신고	7.1~12.31	다음 해 1.1~1.25	법인·개인 일반사업자

* 부가세의 과세 기간은 6개월이다. 이에 반해 소득세는 1년(1.1~12.31)이다.

** 법인에 대한 부가세 신고는 제8장에서 살펴본다.

개인사업자는 1년에 2회, 법인은 4회 신고를 하게 된다. 한편 개인 일반사업자(직전 과세 기간 공급가액의 합계액이 1억 5,000만 원 미만인 법인 포함)는 직전 과세 기간(6개월) 납부세액의 50%를 예정고지서(4월·10월)에 의해 납부(예정 신고의무 없음)해야 하고, 예정 고지된 세액은 다음 확정신고 시 기납부세액으로 차감된다. 다만, 예정 고지 대상자라도 휴업 또는 사업 부진으로 인해 사업실적이 악화하거나 조기환급을 받고자 하는 경우 예정 신고를 할 수 있으며, 이 경우 예정 고지는 취소된다.

3. 적용 사례

사례를 통해 일반과세자의 부가세 신고에 대해 알아보자.

| 자료 |
• 1~6월 신용카드 및 현금영수증 매출 : 100,000,000원(부가세 별도, 이하 동일)
• 7월 매출 : 5,000,000원
• 1~6월 일반관리비 신용카드 및 현금영수증 매입 : 20,000,000원(이중 승용차 주유비 1,000,000원 포함)

Q1. 상반기의 매출세액은 얼마인가?

1~6월까지의 매출 1억 원의 10%인 1,000만 원이 매출세액이 된다.

Q2. 총 매입세액은 얼마인가?

일반관리비의 합계액인 2,000만 원의 10%인 200만 원이 매입세액이 된다. 물론 이 중 주유비에서 발생한 매입세액공제는 공제를 받지 못한다.

Q3. 이 경우 납부할 세액은 얼마인가? 신용카드 매출전표 등 발행공제가 130만 원이 있다고 하자.

- 부가세 납부세액=매출세액-매입세액(불공제분 제외)-기타세액공제
  =1,000만 원-(200만 원-100만 원×10%*)-130만 원=680만 원

  * 일반관리비 중 승용차 주유비는 공제 대상이 아니다.

Q4. 이 사례에서 부가세를 많이 내면 어떤 문제가 있는가?

부가세는 사업자가 직접 부담하는 세금이 아니므로 외관상 문제가 없다. 다만, 부가세 납부세액이 많다는 것은 그만큼 이윤이 많다는 것을 의미하기 때문에 소득세가 많이 나올 가능성이 크다는 것이 문제라면 문제가 된다.

Q5. 만일 용역비를 지급한 것으로 해서 가공의 세금계산서를 수취한 경우, 어떤 문제가 있는가?

소득세를 줄이기 위해 가공의 세금계산서 수취 사실이 적발되면 세무조사 등이 일어날 수 있고, 그 결과에 따라 가산세 등의 불이익을 받게 된다. 가공의 세금계산서 등은 당초부터 수취하지 않는 것이 좋다.

Tip	일반과세자의 부가세 신고 시 제출서류
• 매출처별 세금계산서합계표	• 매입처별 세금계산서합계표
• 매입세액 불공제분 계산근거	• 현금매출명세서 등

일반과세자의
매입세액공제와 불공제의 구분

부가세는 재화나 용역을 공급하거나 공급받을 때 공급가액의 10%로 발생하는 간접세를 말한다. 이 과성에서 사업을 위해 부담한 부가세는 공제를 받을 수 있는데, 실무적으로 이를 구분하기가 쉽지 않다. 다음에서는 일반과세 사업자가 부가세를 공제받을 수 있는 경우와 없는 경우에 대해 알아보자.

1. 서식 구성

일반과세자의 매입세액 기재 란은 다음과 같다.

	세금계산서 수 취 분	일반 매입	(10)			
매입 세액		고정자산 매입	(11)			
	그 밖의 공제매입세액		(14)			
	합계 (10)-(10-1)+(11)+(12)+(13)+(14)		(15)			
	공제받지 못할 매입세액		(16)			
	차감계 (15)-(16)		(17)		㉔	

앞에서 일반매입은 일반 경비의 지출 시, 고정자산 매입은 비품 등의 구입 시 발생한 매입세액을 정리하는 곳이다. 한편 그 밖의 공제매입세

액은 발급받은 카드전표 등의 매입세액, 면세농수산물 등 의제매입세액*, 재활용 폐자원 등에 대한 매입세액, 재고 매입세액** 등을 적는 곳이다. 한편 공제받지 못할 매입세액은 접대비 등과 관련된 매입세액을 말한다.

* 의제매입세액공제 : 면세 농수산물 등을 구입해 과세로 공급한 경우 매입가의 8/108 등을 매입세액으로 공제하는 제도를 말한다. 이 제도는 간이과세자에게 적용하지 않는다.

** 재고 매입세액 : 간이과세자에서 일반과세자로 과세유형이 변경되는 시점의 재고에 대해 매입세액을 적용하는 제도에 해당한다. 뒤에서 살펴본다.

2. 중개사무소와 매입세액공제

중개사무소를 포함한 사업자가 부가세를 공제받을 수 있는 요건은 다음과 같다.

첫째, 일반과세자로 등록할 것
둘째, 자기의 사업과 관련해 부가세를 부담할 것
셋째, 세금계산서나 카드전표, 현금영수증을 수취할 것

즉, 일반과세자로 등록하고 사업과 관련해 부가세를 부담하는 경우가 이에 해당한다. 물론 세금계산서 등으로 이를 입증해야 한다.

※ 중개사무소의 지출 관련 매입세액공제가 가능한 항목들

구분	공제 내용
임차료	공제할 수 있다.
소모품비	공제할 수 있다.
식대	복리후생비 성격의 식대에 대한 부가세는 환급받을 수 있다.
차량비	1,000cc 이하 경차, 화물차, 밴류 등에서 발생한 유류대 등에서 발행한 매입세액은 공제할 수 있다.* 기타 부가세가 공제되지 않은 승용차 등에 관련된 매입세액은 공제되지 않는다.

* 개별소비세가 부과되지 않은 1,000cc 이하의 경차나 화물차 등은 부가세 환급이 가능하다. 이러한 차종에 대해서는 운행일지 작성, 업무전용 자동차보험 가입 등의 의무를 적용하지 않는다.

3. 중개사무소와 매입세액 불공제

다음과 같은 사유에 해당하면 조세 정책적인 목적으로 부가세를 공제하지 않는다.

- 세금계산서를 수취하지 않는 경우와 기재가 불성실한 경우
- 매입처별 세금계산서합계표를 제출하지 않았거나 기재가 불성실한 경우
- 사업과 관련 없는 지출의 매입세액
- 비영업용 소형승용차 관련 매입세액
- 면세사업 및 토지 관련 매입세액
- 사업자등록 전 매입세액
- 접대비 관련 매입세액

사례를 통해 이에 대해 알아보자.

Q1. 가정에서 사용하는 물품대에 대한 부가세도 환급이 가능한가?

아니다. 사업과 직접 관련이 없는 지출과 관련해 발생한 매입세액은 당연히 공제되지 않는다.

Q2. 중개사무소에서 중식대를 지출했다. 이 경우 부가세 환급이 가능한가?

이론적으로 보면 개인사업자의 식대는 부가세 공제가 되지 않는다. 하지만 실무에서 보면 개인사업자가 사용하는 것과 아닌 것의 구분 실익이 없어 공제를 받는 경우가 많다.

▶ 1인 중개사무소 : 이론적으로 공제되지 않지만, 소액은 공제로 처리하는 경우가 많다.

▶ 그 외 중개사무소 : 매입세액공제로 처리한다.

Q3. 고객을 위해 접대를 하면서 발생한 부가세도 공제 가능한가?

접대비(기업업무 추진비)는 사업과 관련성이 있으므로 매입세액을 공제하는 것이 맞다. 하지만 임직원의 개인적으로 사용되는 경우가 많고 이를 구분하기가 힘들므로 획일적으로 공제하지 않는다.

☞ 다만, 같은 지출이더라도 복리후생비에 해당하는지 접대비에 해당하는지의 구분이 힘든 경우가 많아 이의 원칙이 잘 지켜지지 않는다.

Q4. 중개사무소에서 운행하고 있는 승용차 관련 유지비에 대해서는 부가세 공제가 가능한가?

승용차가 1,000cc 이하 경차에 해당하면 유류대나 수리비에서 발생한 부가세도 공제할 수 있다. 하지만 그 외 승용차에서 발생한 부가세는 공제되지 않는다.

Q5. 사업자등록 전 발생한 부가세도 공제 가능한가?

사업자등록 전 매입세액은 원칙적으로 공제가 되지 않으나, 예외적으로 공급 시기가 속한 과세 기간의 말일로부터 20일 이내에 등록하면 공제를 허용한다.

Q6. Q5에서 세금계산서 발행 간이과세자도 매입세액을 전액 공제받을 수 있는가?

아니다. 이들은 매입가(공급대가)에 0.5%를 곱한 금액만을 세금계산서 등 수취공제를 받을 수 있다.

Q7. 중개사무소를 설치하면서 인테리어비용으로 1억 원(부가세 별도)을 지출한 경우 일반과세자와 간이과세자는 어떤 식으로 환급을 받는가?

구분	일반과세자	세금계산서 발행 간이과세자*	일반 간이과세자*
매입세액공제	1,000만 원	55만 원	55만 원
근거	매입세액 전액 공제	1억 1,000만 원× 0.5%	좌동

* 간이과세자가 부가세를 전액 환급받고 싶다면 간이과세자를 포기하면 된다.

Tip	**신용카드 매출전표(현금영수증) 발행공제**

부가세 신고서상의 공제세액은 매출전표 등 발행공제가 포함된다.

경감	그 밖의 경감·공제세액	(18)		
공제	**신용카드 매출전표 등 발행공제 등**	(19)		
세액	합계	(20)		㉘

이에 대해서는 부가법 제46조에서 규정하고 있다. 이를 요약하면 다음과 같다.

① 적용 대상

구분	적용 대상	적용 제외
간이과세자	전년도 공급대가가 4,800만 원 미만인 간이과세자	
위 외 (일반과세자 등)	소비자 상대 업종*	· 법인 · 매출 10억 원 초과한 개인사업자

* 소매업, 음식점업, 다과점업, 숙박업, 미용업, 욕탕업, 입장권발행업, 여객운송업, 떡방앗
  간, 양복점업, 주거용 건물공급업, 운수업, 주차장 운영업, 중개업 등을 영위하는 사업자를
  말한다. 따라서 주로 사업자를 대상으로 하는 제조업, 도매업 등은 제외한다.

② 공제율과 한도

· 공제율 : 1%(2026.12.31까지는 1.3%)
· 한도 : 연간 500만 원(단, 2026.12.31까지는 연간 1,000만 원)

모든 간이과세자의
부가세 신고

간이과세자는 매출 시 부가세를 따로 징수하지 않으므로 일반과세자와는 다른 방식으로 부가세를 계산한다. 참고로 이때 간이과세자에는 세금계산서를 발행해야 하는 간이과세자도 포함함에 유의해야 한다. 즉, 이들도 일반 간이과세자처럼 부가세 신고를 해야 한다.

1. 간이과세자의 부가세 계산구조

간이과세자는 일반과세자와는 다른 방법으로 계산한 매출세액에서 공제세액을 차감해 부가세를 계산한다.

참고로 일반 간이과세자는 4,800만 원에 미달하면 납부세액이 면제되므로 부가세 신고에 큰 어려움이 없으나 그 외 간이과세자는 그렇지 않다. 이러한 점에 유의해 다음의 내용을 살펴보기 바란다.

구분		금액	부가율	세율	세액
과세표준 및 매출세액	소매업, 재생용 재료수집 및 판매업, 음식점업 (5)		15/100	10/100	
	제조업, 농·임·어업, 소화물 전문 운송업 (6)		20/100	10/100	
	숙박업 (7)		25/100	10/100	
	건설업, 운수 및 창고업(소화물 전문 운송업 제외), 정보통신업, 그 밖의 서비스업 (8)		30/100	10/100	
	금융 및 보험 관련 서비스업, 전문· 과학 및 기술서비스업(인물사진 및 행사용 영상 촬영업 제외), 사업시설 관리·사업지원 및 임대서비스업, 부동산 관련 서비스업, 부동산 임대업 (9)		40/100	10/100	
	재고 납부세액 (12)				
	합계 (13)			㉮	
공제세액	매입세금계산서 등 수취공제 (15)				
	의제매입 세액공제 (16)				
	전자신고 세액공제 (19)				
	전자세금계산서 발행세액 공제 (20)				
	신용카드 매출전표 등 발행공제 (22)				
	기타 (23)				
	합계 (24)			㉯	
예정 부과(신고) 세액 (26)				㉰	
가산세액계 (27)				㉱	
차감 납부할 세액(환급받을 세액) (㉮-㉯-㉰-㉱+㉲)				(28)	

1) 매출세액

간이과세자는 자신이 공급한 대가에 다음의 업종별 부가율과 10%를 순차적으로 곱해 매출세액을 계산한다.

<간이과세자의 업종별 부가율(2021.7.1. 이후)>

업종	부가율
소매업, 재생용 재료수집 및 판매업, 음식점업	15%
제조업, 농업·임업과 어업, 소화물 전문 운송업	20%
숙박업	25%
건설업, 운수 및 창고업(소화물 전문 운송업은 제외), 정보통신업	30%
금융 및 보험 관련 서비스업, 전문·과학 및 기술 서비스업(인물사진 및 행사용 영상 촬영업은 제외), 사업시설관리·사업지원 및 임대서비스업, 부동산 관련 서비스업*, 부동산 임대업	40%
그 밖의 서비스업	30%

* 중개업이 포함되어 있다.

중개업의 부가율은 40%이므로 이에 10%의 부가세율을 곱하면 공급대가의 4%가 매출세액이 된다.

예) 총 받은 금액이 100만 원인 경우

• 간이과세자의 매출세액=100만 원×4%=4만 원

2) 공제세액

① 세금계산서 등 수취공제

간이과세자도 세금계산서나 카드전표나 현금영수증을 받는 경우가 많다. 그렇다면 이때 받은 세금계산서상의 매입세액은 전액 공제할까? 아니다. 이들은 매입가(공급대가)의 0.5%만 적용하게 되어 있기 때문이다.

예) 간이과세자가 100만 원(부가세 별도)의 세금계산서를 받은 경우의 공제세액

• 세금계산서 등 수취공제 =110만 원×0.5%=5,500원*

◀ 세금계산서 등 수취공제 산정 방식이 기존에는 [매입세액 × 업종별 부가율]이었으나 [매입액(공급대가) × 0.5%]로 감소한 것은 간이과세자 납부세액 계산 시 적용하는 부가율(15~40%)에 매입액이 반영되어 있기 때문이다. 참고로 이 공제 대상에는 카드전표, 현금영수증, 직불카드영수증, 선급 카드영수증(실제 명의 확인), 직불 전자지급수단 영수증, 선불전자 지급수단 영수증(실제 명의 확인) 등을 포함한다.

② 의제매입세액공제

간이과세자에 대해서는 이 제도가 폐지되었다. 연간 4,800만 원까지는 납부 의무가 면제되어 이 제도가 실효성이 없어졌기 때문이다.*

* 세금계산서 발행 간이과세자도 마찬가지로 적용되지 않는다.

③ 현금영수증 등 발행공제

앞의 일반과세자 편에서 본 것과 같다. 전년도 공급대가가 4,800만 원에 미달하는 간이과세자 이외 세금계산서 발행 간이과세자와 일반과세자 중 소비자 상대 업종에 해당하는 경우에는 이 공제를 받을 수 있다(1.3%, 1,000만 원 한도).*

* 단, 매출 10억 원 초과한 사업자는 제외된다.

3) 납부면제

간이과세자의 해당 과세 기간*에 대한 공급대가의 합계액이 4,800만 원 미만이면 부동산 임대업을 포함한 모든 간이과세자에 대해 납부 의무를 면제한다.

* 1년을 말한다.

2. 신고 방법

간이과세자는 1년을 과세 기간으로 해서 신고·납부하게 된다.

구분	확정신고	예정 신고 또는 예정 고지
4,800만 원 미만의 간이과세자	· 과세 기간 : 1.1~12.31 · 확정신고 : 다음 해 1월 25일	–
4,800~8,000만 원 미만의 간이과세자	상동	· 1.1~6.30 세금계산서 발행한 경우 : 7월 25일 예정 신고*
		· 위 외 : 직전 과세 기간의 1/2 예정 고지(50만 원 이상 시)

* 예정부과 기간(1.1~6.30)에 세금계산서를 발행한 간이과세자는 1.1~6.30을 과세 기간으로 해서 7.25까지 신고·납부해야 한다.

3. 적용 사례

사례를 통해 세금계산서를 발행해야 하는 간이과세자의 부가세 신고에 대해 알아보자.

| 자료 |
- 업종 : 중개업(부가율 40%)
- 1~12월 신용카드 및 현금영수증 공급대가 : 7,700만 원(발행공제 1.0%)
- 1~12월 임차료 세금계산서 매입 : 1,000만 원(부가세 별도)
- 1~12월 기타 일반관리비 신용카드 및 현금영수증 매입 : 1,000만 원(부가세 별도)

Q1. 매출세액은 얼마인가?

1~12월까지의 매출 7,700만 원에 대해 다음과 같이 계산한다.

- 매출세액=7,700만 원×40%(중개업 부가율)×10%(부가세율)=308만 원

Q2. 공제세액은 얼마인가?

임차료와 기타 일반관리비를 집행하면서 수취한 세금계산서 등과 발행한 현금영수증 등에 대한 공제세액이 이에 해당한다.

① 세금계산서 등 수취공제=2,200만 원×0.5%=11만 원
② 현금영수증 등 발행공제=7,700만 원×1%(가정)=77만 원
③ 계=88만 원

Q3. 이 경우 납부할 세액은 얼마인가?

사례의 부가세 납부세액은 다음과 같다.

• 부가세 납부세액=매출세액-공제세액(불공제분 제외)=308만 원-88만 원
=220만 원

Q4. 만일 공제세액이 매출세액보다 더 크면 차액은 환급받을 수 있는가?

그렇지 않다. 간이과세자는 환급을 받을 수 없다.

⛬ 이러한 이유로 간이과세자는 일반과세자로부터 세금계산서를 수취하려고 하지 않는다. 받아봤자 모두 환급이 되지 않기 때문이다.

Q5. 세금계산서를 발급한 간이과세자는 예정부과 기간의 과세표준을 신고하게 되어있는데, 10월 예정 고지 기간에 신고하면 되는지?

아니다. 간이과세자의 예정부과 기간은 1월 1일부터 6월 30일까지다. 따라서 세금계산서를 발급한 간이과세자는 예정부과 기간의 과세표준과 납부세액을 7월 1일부터 7월 25일까지 신고해야 하고, 과세 기간(1.1~12.31)의 과세표준과 납부세액을 다음 해 1월 1일부터 1월 25일까지 신고하면서 예정 신고세액을 공제해야 한다.

Tip 일반과세자와 간이과세자의 부가세 신고 방법 비교

구분		일반과세자	일반 간이과세자	세금계산서 발행 간이과세자
확정신고(의무)		2회(7.25, 다음 해 1.25)		1회(다음 해 1.25)
예정 고지· 납부	납부	2회(4.25, 10.25)	-(4,800만 원 미만 납부 의무 면제)	1회(7.25)
	생략	고지세액 50만 원 미달한 경우 등		고지세액 50만 원 미달한 경우 등
예정 신고	선택	직전 기 매출액 또는 납부 세액 1/3 미달 시		직전 기 매출액 또는 납부세액 1/3 미달 시
	의무	-		· 1.1~6.30 사이에 세금 계산서 발행한 경우 · 7.1 기준 간이→일반으로 변경된 경우

Tip 간이과세자와 일반과세의 세후 현금흐름 비교

앞의 간이과세자의 세후 현금흐름을 일반과세자와 비교하면 다음과 같다.

구분		간이과세자	일반과세자
총수령액		7,700만 원	7,700만 원
부가세	매출세액	308만 원	700만 원
	-공제세액	88만 원	270만 원*
	납부할 세액	220만 원	430만 원
세후 현금흐름		7,480만 원	7,270만 원

* 매입세액공제 200만 원+현금영수증 등 발행공제 70만 원=270만 원

↻ 앞의 결과는 주어진 상황에 따라 세후 현금흐름이 달라질 수 있다.

부가세 과세유형 변경 시의 부가세 신고

전년도 1년간의 총매출액이 변동해 8,000만 원 이상 또는 미만으로 떨어지는 경우가 종종 있다. 이렇게 되면 간이에서 일반으로, 또는 그 반대로 부가세 과세유형이 변경될 수 있다. 이렇게 되면 부가세 신고 방법도 달라진다.

1. 과세유형의 변경

1) 과세유형의 변경이란

간이과세자가 적용되거나 적용되지 아니하게 되는 기간은, 전년도 1년간의 공급대가가 8,000만 원의 금액에 미달하거나 그 이상이 되는 해의 다음 해의 7월 1일부터 그다음 해의 6월 30일까지로 한다. 이를 '과세유형의 변경'이라고 한다.

2) 과세유형의 변경 시기

계속 사업자의 경우 일반과세자가 간이과세자로 변경되거나 간이과세자가 일반과세자로 변경되는 경우, 다음 해 7월 1일부터 그다음 해 6월 30일(1년)까지 변경된 유형을 적용한다.

구분	변경 시기
① 일반과세자→간이과세자로 변경	다음 해 7월 1일부터 1년간 간이적용
② 간이과세자→일반과세자로 변경	다음 해 7월 1일부터 1년간 일반적용

①의 경우 2023년 일반과세자의 매출액이 8,000만 원 미만이면 2024년 7월 1일부터 1년간 간이과세자를 적용한다. 2024년 1월 1일부터는 바로 적용하기에는 실무상 어려움이 크기 때문이다. 마찬가지로 ②의 경우, 2023년 간이과세자의 공급대가가 8,000만 원 이상이 되면 2024년 7월 1일부터 1년간 일반과세를 적용하게 된다.

2. 과세유형의 변경에 따른 부가세 신고

1) 일반과세자→간이과세자

과세유형의 변경으로 간이과세자가 되었으므로 간이과세자가 된 이후에는 앞에서 본 간이과세자로서 부가세 신고를 해야 한다. 이때 재고 납부세액*을 매출세액에 더해 부가세를 납부해야 함에 유의해야 한다.

* 일반과세자는 매입세액을 전액 공제받는 데 반해 간이과세자는 매입가의 0.5%만 공제를 받는다. 따라서 간이과세자로 변경될 때 남아 있는 재고 재화에 대한 매입세액 중 일부는 반환해야 하는데, 이를 재고 납부세액이라고 한다. 따라서 이러한 세금을 납부하고 싶지 않다면 미리 재고를 정리하는 것이 좋을 것으로 보인다.

2) 간이과세자→일반과세자

과세유형의 변경으로 일반과세자가 되었으므로 일반과세자가 된 이후에는 앞에서 본 일반과세자로서 부가세 신고를 해야 한다. 이때 재고 매입세액*을 매입세액에 더해 부가세를 공제받을 수 있다.

* 일반과세자는 매입세액을 전액 공제받는 데 반해 간이과세자는 매입가의 0.5%만 공제를 받는다. 따라서 간이과세자에서 일반과세로 변경될 때 재고 재화에 대한 매입세액은 일반과세자의 지위에서 공제를 받을 수 있는데, 이를 재고 매입세액이라고 한다.

※ 과세유형 변경과 간이과세 포기의 차이

앞에서 본 과세유형 변경은 매출액이나 공급대가의 변동에 따른 제도를 말하나, 간이과세 포기*는 납세자의 선택에 따라 언제든지 할 수 있는 제도라는 점에서 차이가 있다.

* 부가법 제70조에서는 간이과세자가 일반과세를 적용받기 위해서는 간이 포기를 할 수 있도록 하고 있다. 이 경우, 적용받으려는 달의 전달 마지막 날까지 신고하면 된다. 이렇게 신고하면 다음 달부터 일반과세를 적용받게 된다.

3. 적용 사례

다음 자료를 보고 물음에 답하면?

| 자료 |
- 현재 간이과세자로 사업자등록이 되어 있음.
- 2023년 1년간의 매출액은 1억 원임.
- 남아 있는 재고액은 500만 원임.

Q1. 매출액의 증가로 일반과세자로 변경된다. 언제부터 변경되는가?

2024년 7월 1일부터 일반과세자로 변경된다. 따라서 2024년 상반기(1.1~6.30)는 간이과세자로 유지된다.

Q2. 일반과세자로 변경될 때 재고 매입세액을 공제를 받을 수 있는가?

그렇다. 간이과세자 지위에서 공제받지 못한 매입세액을 공제받을 수 있다.

Q3. 일반과세자로 변경되면 세금계산서를 발행해야 하는가?

원칙적으로 그렇다.

Q4. 이렇게 간이에서 일반으로 사업자의 유형이 변경되면 부가세 예정신고와 확정신고는 어떻게 하는가?

2023년은 간이과세자이며, 2024년 7월 1일부터 일반과세자로 변경된다. 따라서 다음과 같이 부가세 신고를 해야 할 것으로 보인다.

- 2023년 1.1~12.31→2024년 1월 25일 간이과세자 부가세 신고(의무)
- 2024년 1.1~6.30→2024년 7월 25일 간이과세자 부가세 신고(의무)
- 2024년 7.1 이후→일반과세자로 부가세 신고(예정 납부 등 포함)

Tip	부가세와 소득세의 관계

부가세는 매출과 매입에 따른 매출 부가세와 매입 부가세만 떼어서 신고하는 세목이고, 소득세는 부가세를 제외한 수입과 비용을 가지고 이익을 계산해 이에 6~45%로 신고 및 납부하는 세목을 말한다.

① 일반과세자	⇒	소득세 신고 및 납부
② 세금계산서 발행 간이과세자		
③ 간이과세자		

최근 간이과세 적용 대상이 연간 매출 8,000만 원(임대업은 4,800만 원) 미만으로 확대되면서 몇 가지 세제개편이 있었다. 이를 전체적으로 요약하면 다음과 같다.

내용	종전	개정
간이과세 기준금액	전년도 공급대가 4,800만 원 미만	전년도 공급대가 8,000만 원 미만(단, 부동산 임대업 또는 과세 유흥장소는 4,800만 원 미만)
납부 의무 면제 기준금액	해당연도 공급대가 합계액 3,000만 원 미만	해당연도 공급대가 합계액 4,800만 원 미만 (위 부동산 임대업 등 포함)
세금계산서 발행 의무	영수증 발행 (세금계산서 발행 불가)	· (원칙) 세금계산서 발행 · (예외) 영수증 발행(신규사업자 및 전년도 공급대가 4,800만 원 미만은 세금계산서 발행 불가)
신고	과세 기간(1.1~12.31) 다음 해 1월 25일까지 신고(연 1회)	(추가) 세금계산서를 발행한 간이과세자 예정부과 기간 신고의무 (7.1~25)
세액계산구조 (세금계산서 등 수취공제)	(공급대가×업종별 부가율*×10%) – (매입세액×업종별 부가율) – 기타공제세액 + 가산세 * 업종별 부가율 : 5~30%	(공급대가×업종별 부가율*×10%) – (매입금액(공급대가)×0.5%) – 기타공제세액 + 가산세 * 업종별 부가율 : 15~40%
의제매입세액 공제	일반과세자와 간이과세자	일반과세자(간이과세자 적용배제, 다음 페이지의 Tip 참조)
신용카드 등 매출세액공제	· 간이과세자(음식·숙박업) 2.0%(~2023..12.31 2.6%) · 기타사업자 1.0%(~2023.12.31 1.3%)	1.0%(~2026.12.31, 1.3%)
세금계산서 관련 가산세	(신설)	· (일반과세자 준용) · (미수취 가산세 추가) 공급대가 × 0.5%
	경정 시 공제받은 세금계산서 등 가산세 : 공급가액의 1%	경정 시 공제받은 세금계산서 등 가산세 : 공급가액의 0.5%

개인사업자는 개업 시 일반과세와 간이과세 중 선택을 할 수 있다(법인은 일반과세자로만 가능). 다만, 아래에 해당하는 경우에는 간이과세를 선택할 수 없다(부가세 집행기준 61-109-1).

① 전년도의 재화와 용역의 공급에 대한 대가의 합계액이 8,000만 원(신규사업자의 경우 12월로 환산한 금액)에 미달하는 사업자는 간이과세를 적용한다. 다만, 다음 각호의 어느 하나에 해당하는 사업자는 간이과세자로 보지 아니한다(간이과세 배제업종).

1. 간이과세가 적용되지 않는 다른 사업장(기준사업장)을 보유하고 있는 사업자

2. 업종, 규모, 지역 등을 고려해 대통령령으로 정하는 사업자

　나. 제조업(과자점업, 도정업·제분업 및 떡류 제조업 중 떡방앗간, 양복·양장·양화점업 등은 제외)

　다. 도매업(소매업 겸영 포함, 재생용 재료수집 및 판매업 제외) 및 상품중개업

　라. 부동산 매매업

　마. 특별시·광역시 및 특별자치시, 행정시 및 시 지역과 국세청장이 고시하는 지역의 과세 유흥장소(전년도 공급가액 4,800만 원 이상)

　바. 국세청장이 정하는 규모 이상의 부동산 임대업(전년도 공급가액 4,800만 원 이상)

　사. 변호사업, 심판변론인업, 변리사업, 법무사업, 공인회계사업, 세무사업, 경영지도사업, 기술지도사업, 감정평가사업, 손해사정인업, 통관업, 기술사업, 건축사업, 도선사업, 측량사업, 공인노무사업, 의사업, 한의사업, 약사업, 한약사업, 수의사업과 그 밖에 이와 유사한 사업 서비스업

　아. 복식부기 의무자가 경영하는 사업

　자. 일반과세자로부터 양수한 사업(사업을 양수한 후 공급대가의 합계액이 8,000만 원에 미달하는 경우 제외)

　차. 둘 이상의 사업장이 있는 사업자가 영위하는 사업으로서 그 둘 이상의 사업장 공급대가의 합계액이 8,000만 원 이상인 경우

　카. 전기·가스·증기 및 수도사업

　타. 건설업(주로 최종소비자에게 직접 재화 또는 용역을 공급하는 사업 제외)

　파. 전문·과학·기술 서비스업, 사업시설 관리·사업지원 및 임대 서비스업(주로 최종소비자에게 직접 재화 또는 용역을 공급하는 사업 제외)

② 신규사업자가 사업을 개시한 날이 속하는 1년간의 공급대가 합계액이 간이과세 적용기준 금액인 8,000만 원에 미달할 그것으로 예상해 담당세무서장에게 신고한

경우 최초의 과세 기간에는 간이과세자로 한다(간이과세가 배제되는 사업자 제외).

③ 미등록한 사업자가 사업을 개시한 날이 속하는 1년간의 공급대가 합계액이 간이과세 적용기준 금액인 8,000만 원에 미달하는 경우 최초의 과세 기간에는 간이과세자로 한다(간이과세가 배제되는 사업자 제외).

④ 결정 또는 경정한 공급대가가 8,000만 원 이상인 중개사무소는 그 결정 또는 경정한 날이 속하는 과세 기간까지 간이과세자로 본다.

부가세와 관련된 가산세의 종류가 상당히 많다. 부가세 신고가 제대로 되지 않으면 이후 제대로 된 소득세(법인세) 신고를 기대할 수 없기 때문이다. 따라서 중개사무소를 포함한 모든 사업자는 부가세 관련 가산세 제도에 유의해 실수가 발생하지 않도록 할 필요가 있다.

가산세 명	가산세액 계산
무신고	부당 무신고 납부세액×40% or 일반 무신고 납부세액×20%
과소신고·초과환급신고	부당 과소신고 납부세액 등×40% or 일반 과소신고 납부세액 등 ×10%
납부 불성실·환급 불성실	미납세액(초과환급세액)×경과일수×이자율(1일 22/100,000)
미등록	공급가액×1%(간이과세자는 공급대가×0.5%)
명의 위장 등록	공급가액×1%(간이과세자는 공급대가×0.5%)
세금계산서 발행 및 전송 불성실	· 세금계산서의 지연발행 : 공급가액×1% · 세금계산서 미발행 가산세 : 공급가액×2% · 종이 세금계산서 발행 가산세 : 공급가액×1% · 둘 이상의 사업장을 가진 사업자가 다른 사업장 명의로 발행 : 공급가액×1% · 전자세금계산서 발급명세서 지연전송 가산세 : 공급가액×0.3% · 전자세금계산서 발급명세서 미전송 가산세 : 공급가액×0.5% · 세금계산서 기재불성실가산세 : 공급가액×1%
세금계산서 등 부정수수 (간이과세자의 경우 발행만 적용)	· 세금계산서 등 가공 발행(수취) 가산세 : 공급가액×3% · 세금계산서 등 위장 발행(수취) 가산세 : 공급가액×2% · 세금계산서 등 공급가액 과다기재 발행(수취) 가산세 : 과다기재 공급가액×2%
자료 상이 수수한 세금계산서(간이과세자의 경우 발행만 적용)	자료 상이 수수한 세금계산서 가산세 : 공급가액×3%

경정에 따른 매입세액공제 불성실	경정 등에 따라 공제되는 신용카드 수취 매입세액공제 : 공급가액 ×0.5%
매출처별 세금계산서 합계표 불성실	미제출·기재 내용 누락 및 부실기재 : 공급가액×0.5% 지연제출(예정분→확정분) : 공급가액×0.3%
매입처별 세금계산서 합계표 불성실(미제출(경정 공제분) 가산세를 제외한 나머지는 일반과세자만 적용)	· 세금계산서의 지연 수취 : 공급가액×0.5% · 미제출(경정 공제분)·기재 내용 누락 및 부실기재·과다기재 : 공급가액×0.5%
현금매출명세서 등 제출 불성실(일반과세자만 적용)	미제출 또는 과소기재 수입금액×1%

제5장

● ● ● ● ●

중개보조원의
소득 구분과 원천징수

소득 지급 시
원천징수를 요구하는 이유

중개사무소가 지급하는 소득 중에는 원천징수를 해야 하는 경우가 있다. 이렇게 하는 이유는 소득을 지급받는 자의 소득을 드러내기 위한 취지다. 즉, 소득의 지급자가 세금 일부를 원천공제하고 하고 그에 대한 자료를 제출함으로써 상대방의 소득이 노출되게 된다. 이를 담보하기 위해 세법은 원천징수 대상 소득을 열거해두고 이를 이행하지 않으면 가산세를 부과하는 한편 지급명세서 미제출에 따른 가산세 제도를 별도로 두고 있다. 실무에서 보면 이와 관련되어 다양한 실수가 발생하는 경우가 많으므로 주의해야 한다.

1. 원천징수 흐름

개인이나 법인이 원천징수 대상 소득을 지급할 때 지급소득의 일부를 해당 세율로 원천징수한 후, 다음 달(또는 반기 말의 다음 달) 10일까지 원천세를 신고 및 납부해야 한다. 또 이렇게 지급한 근거가 되는 서류(지급명세서)를 법에서 정한 기한까지 제출해야 한다.

▶ 원천징수 대상 소득 지급 시 : 해당 세율로 원천징수함. 이때 원천징수 영수증을 발행함(3장 : 회사 보관분, 국세청 신고분, 납세자 제공분).

▶ 원천징수 세액 신고 및 납부 : 다음 달 10일 또는 반기 말 다음 달 10일

▶ 지급명세서 제출 : 법에서 정한 기간(다음 Tip 참조)

2. 원천징수 불이행에 따른 가산세

1) 원천징수 불이행 가산세

원천징수 의무자가 원천징수 의무를 불이행하면 '미납세액×3%'에 '(미납세액×2.2/10,000×경과일수)'를 더한 세액을 가산세로 내야 한다(단, 미납세액의 10% 한도).

2) 지급명세서 등 미제출 가산세

원천징수의 내용이 담긴 지급명세서나 간이지급명세서를 기한 내 제출하지 않으면 미제출 가산세가 있다. 전자는 1%, 후자는 1만분의 25 등으로 정해져 있다(소득법 제81조의 11 참조).

3. 신고 방법

1) 원칙

소득을 지급한 달의 말일의 다음 달 10일까지 관할 세무에서 원천세를 신고 및 납부한다. 이때 원천징수 상황명세서 등을 제출한다.

2) 예외

사전에 승인을 받은 사업자는 반기(6개월)의 마지막 달의 다음 달 10일까지 신고 및 납부한다.

구분		제출 시기	비고
지급 명세서	근로·퇴직·사업소득· 종교인소득·연금계좌	다음 연도 3월 10일	1년/1회
	일용근로소득	지급일이 속하는 달의 다음 달 말일	매월
	이자·배당·기타소득 등 그 밖의 소득	지급일이 속하는 연도의 다음 연도 2월 말일	1년/1회
간이 지급 명세서*	근로소득	지급일이 속하는 반기의 마지막 달의 다음 달 말일	1년/2회(단, 26 년부터는 매월)
	거주자의 사업소득/ 기타소득	지급일이 속하는 달의 다음 달 말일	매월(기타소득은 2024년부터 매월)

* 장려금 산정을 위해 이 서식을 제출해야 한다. 소득세 정산을 위한 지급명세서와 서식이 다르다. 참고로 앞과 같은 서식을 제때 제출하지 못한 경우 가산세가 상당히 크기 때문에 중개사무소는 항상 주의해야 한다.

☞ 휴업, 폐업 또는 해산한 경우에는 휴업일, 폐업일 또는 해산일이 속하는 달의 다음 달 말일까지 제출해야 한다.

원천징수 대상
소득과 세율

국내에 거주한 자가 원천징수 대상 소득을 개인 또는 법인에 지급한 경우에는 법에서 정한 바대로 원천징수를 한 다음에 이를 정부에 신고 및 납부해야 한다. 이때 주의할 것은 원천징수 의무자는 사업자등록 여부와 관계가 없다는 것이다. 따라서 일반 개인도 이에 대한 의무가 주어질 수 있다.

1. 개인에 소득을 지급하는 경우

다음과 같은 소득을 개인에게 지급하는 자는 세법에서 정한 세율로 원천징수를 해야 한다. 이때 사업자등록번호가 없는 개인도 이러한 의무를 이행해야 함에 유의해야 한다.

이를 전체적으로 요약하면 다음과 같다.

구분	내용	원천징수 대상 과세율(지방소득세 10% 별도)
이자소득	금융기관 이자, 개인 간의 이자 등	· 금융기관 이자 : 14% · 개인 간 이자 : 25%
배당소득	주식 등에 의해 받은 배당금	14%
사업소득*	사업을 해서 얻은 소득 (프리랜서, 접대부 포함)	· 자유 직업소득 : 3% · 유흥업소 접대부 : 5%
근로소득 (일용직 포함)*	근로를 제공해서 받은 소득 (아르바이트, 일용직 포함)	· 정직원 : 간이세액표상의 세액 · 일용직 : 일당 15만 원 초과분의 6%
연금소득	국민연금, 퇴직연금, 개인연금에 가입해 연금을 받는 경우	· 공적연금 : 연금소득 간이세액표 · 사적연금 : 3~5%
기타소득	강의나 인세, 위약금, 권리금 등	기타소득 금액의 20%(지급액 기준 8%)
퇴직소득	퇴직급여를 받은 경우	6~45%(연분 연승법)

* 중개보조원에 대한 소득을 사업소득으로 처리할 것인지 근로소득으로 처리할 것인지 이에 대해서는 후술한다.

※ 원천징수 대상 사업소득(소득법 제127조 제1항 제3호)

원천징수 대상 사업소득은 주로 자유 직업소득자(프리랜서)들에게 지급되는 소득을 말한다. 이들 소득에 대한 탈루가 발생할 가능성이 커 이에 대한 원천징수 대상 소득으로 분류하고 있다. 이의 구체적인 범위는 소득령 제184조 제1항에서 부가법 제26조 제1항 제5호 및 제15호에 따른 용역의 공급에서 발생하는 소득을 말한다고 하고 있다.

※ 부가법 제26조 제1항

5. 의료보건 용역(수의사의 용역을 포함한다)으로서 대통령령으로 정하는 것*과 혈액

   * 면세하는 의료보건용역을 말한다(부가령 제35조).

15. 저술가·작곡가나 그 밖의 자가 직업상 제공하는 인적(人的) 용역으로서 대통령령으로 정하는 것*

   * 저술가 등이 직업상 제공하는 인적용으로서 면세하는 것을 말한다(부가령 제42조).

이처럼 원천징수 대상 소득은 부가세가 면제되는 의료보건 용역과 인적용역*을 한정하고 있다.

* 중개사무소와 독립관계에 있는 중개보조원의 수당도 여기에 해당할 수 있다.

2. 법인에 소득을 지급하는 경우

구분	내용	원천징수 대상 과세율(지방소득세 별도)
이자소득	금융기관 이자, 개인 간의 이자 등	· 금융기관 이자 : 14% · 비영업대금 이익 : 25%
배당소득	잉여금 배당금 등	14%

☞ 법인은 회계 처리가 비교적 투명하므로 소득의 탈루 가능성이 떨어진다. 이에 따라 원천징수 대상 소득의 범위가 좁다.

3. 적용 사례

사례를 통해 앞의 내용을 이해해보자.

Q1. 아버지한테 2억 원을 빌린 후 이자로 100만 원을 지급한 경우의 원천징수는?

이는 이자소득에 해당하므로 27.5%를 원천징수해야 한다. 이에 대한 신고는 홈택스를 통해서 하면 편리하다.

Q2. 중개사무소에서 활동하는 중개보조원에게 지급하는 소득에 대한 원천징수는?

고용 관계에 있는 경우에는 근로소득, 그렇지 않으면 사업소득으로 보아 원천징수한다. 전자는 근로소득 간이세액표, 후자는 지급액의 3.3%로 원천징수한다.

● 이에 관한 판단은 뒤에서 상세히 설명한다.

Q3. 20X3년에 발생하는 근로소득임에도 불구하고 20X4년 1월에 지급하면서 원천징수하는 경우, 이 근로소득에 대한 귀속시기는 20X4년인가?

아니다. 근로소득은 근로제공일이 속한 연도가 귀속시기가 되므로 20X3년이 귀속시기가 된다. 따라서 이를 지급한 쪽은 20X3년의 비용으로, 지급받은 쪽은 20X3년의 소득으로 보아 연말정산이 진행된다 (222페이지를 참조하기를 바란다).

Tip	원천징수의 효과	
구분	지급자	지급받는 자
효과	비용 처리	소득 발생
의무	원천징수 의무	소득세 정산 의무(단, 분리과세는 원천징수 납세의무 종료)

중개사무소의 직원 채용과 원천징수, 그리고 4대 보험

중개사무소에서 필요한 인력을 채용할 때에는 소득의 성격과 그에 따른 원천징수와 4대 보험 관계 등을 확인해야 한다. 물론 이외에도 채용에 따른 지출 효과 등도 분석할 수 있어야 한다. 이에 대해서는 이 장의 '절세 탐구'를 참조하기를 바란다.

1. 소득의 구분

1) 정직원과 일용직의 구분

일용직은 특정 고용주에게 계속해서 고용되어 있지 않고 일급 또는 시간급 등으로 받는 자를 말한다(세법은 동일 고용주에 고용된 3개월 미만 근무자, 건설공사는 1년 미만 근무자를 말함). 정직원은 통상 1년 단위로 근로계약을 맺어 근무하는 자를 말한다.

▶ 중개업 : 중개보조원이나 소속공인중개사도 정직원에 해당함.

참고로 개업공인중개사가 중개보조원 등을 고용한 경우에는 다음과 같이 공인중개사법 제15조에 따라 국토부에 신고해야 한다. 물론 이때 근로계약서 등은 제출하지 않아도 되는 것으로 보인다.

공인중개사법 제15조에서는 중개보조원 등을 고용하면 신고하도록 하고 있다.

※ **제15조(개업공인중개사의 고용인 신고 등)**

① 개업공인중개사는 소속공인중개사 또는 중개보조원*을 고용하거나 고용 관계가 종료된 때에는 국토교통부령으로 정하는 바에 따라 등록관청에 신고해야 한다.

② 소속공인중개사 또는 중개보조원의 업무상 행위는 그를 고용한 개업공인중개사의 행위로 본다.*

* 중개보조원 등의 업무상 행위는 개업공인중개사에게 귀속됨을 알 수 있다. 따라서 이때 중개보조원은 업무상 종속관계가 있다고 보인다.

③ 개업공인중개사가 고용할 수 있는 중개보조원의 수는 개업공인중개사와 소속공인중개사를 합한 수의 5배를 초과하여서는 아니된다. (신설 2023. 4. 18.)**

---

* '중개보조원'이란 공인중개사가 아닌 자로서 개업공인중개사에 소속되어 중개대상물에 대한 현장안내 및 일반서무 등 개업공인중개사의 중개업무와 관련된 단순한 업무를 보조하는 자를 말한다(공인중개사법 제2조 제5호).

** 제3항을 위배한 경우 1년 이하의 징역 또는 1,000만 원 이하의 벌금을 물린다(공인중개사법 제49조 제1항 제5의 2호). 기타 미신고에 따른 불이익 등에 대해서는 협회 등을 통해 알아보기를 바란다. 참고로 세법에서는 이러한 내용에 대해 정한 바가 없다.

2) 일용직과 자유 직업소득자의 구분

일용직은 일당 계약에 따라 소득이 지급된다. 한편 자유 직업소득자(프리랜서)는 독립적인 관계에서 일의 성과에 따라 소득이 지급된다.

▶ 중개업 : 중개보조원 등이 고용 관계에 있지 않으면 자유 직업소득자에 해당할 수 있음.

◑ 정직원인지 일용직인지 또는 자유 직업소득자인지는 근로제공자가 업무 또는 작업에 대한 거부할 수 있는 권한이 있는지, 시간적·장소의 제약을 받는지, 업무수행과정에 있어서 구체적인 지시를 받는지, 복무규정의 준수의무 등을 종합적

으로 판단한다. 일반적으로 정직원이나 일용직은 고용계약서나 근로계약서가 존재하나, 자유 직업소득자의 경우 이러한 계약서가 아닌 프리랜서 계약서가 존재한다. 참고로 근로자에 해당하지만, 일용직이나 자유 직업소득자로 해서 소득을 신고하는 경우에는 세법 및 근로기준법의 위반 소지가 있다.*

* 세법은 소득 구분에 따른 소득세 등을 부과하며, 근로기준법에서는 과태료 등을 부과한다.

2. 소득의 구분에 따른 원천징수

직원으로 고용되어 근무하면 근로소득, 일용직으로 근무하면 일용직 근로소득으로 보아 세법에 맞게 원천징수를 해야 한다. 사업소득을 포함해서 이를 정리해보자.

구분	원천징수 세율	세금 정산
① 근로소득	간이세액표*	다음 해 2월 중 연말정산
② 일용직 근로소득	6.6%(일당 15만 원 공제)	없음.
③ 사업소득	3.3%	다음 해 5월 중 소득세 정산

* 근로소득의 크기에 따라 미리 얼마씩 원천징수하도록 만들어진 표를 말한다. 홈택스에서 조회할 수 있다.

참고로 이렇게 원천징수한 경우에는 법에서 정한 기한까지 지급명세서를 제출해야 한다. 이에 대해서는 앞에서 살펴보았다.

3. 4대 보험료

소득 구분에 따른 4대 보험료 발생 여부를 정리하면 다음과 같다.

구분	4대 보험	비고
① 근로소득	발생함.	사업자와 근로자 동시 부담
② 일용직 근로소득	발생하지 않음.	단, 고용보험과 산재보험은 의무가입
③ 사업소득	발생하지 않음.	

👉 직원을 고용하면 4대 보험료를 부담해야 한다. 일용직의 경우에는 1개월 중 8일 이상 근무하거나 60시간 이상 근무 시 국민연금과 건강보험 가입 의무가 있으며 고용보험 등은 무조건 가입해야 한다. 2024년 기준 4대 보험료율은 다음과 같다.

구분	사업자	근로자	계
국민연금	4.5%	4.5%	9.0%
건강보험*	3.545%	3.545%	7.09%
고용보험	1.15~1.75%	0.9%	2.05%
산재보험	업종별 규정	-	-
계	9.195% 이상	8.945% 이상	18.14% 이상

* 장기요양보험료는 별도로 건강보험료의 12.95%만큼 부과된다.

Tip	**정직원 대 일용직 대 자유 직업소득자의 세금 관계 등 비교**

사업자가 직원을 고용하거나 아르바이트직을 채용할 때에는 다음과 같은 세금 관계 등이 형성된다.

구분	정직원	일용직	자유 직업소득자
계약관계	고용 관계	1일 단위 등의 근로계약	독립적인 관계
계약서 형태	근로계약서	일용직 계약서	프리랜서 계약서
원천징수	간이세액표	일당 15만 원까지는 없음 (초과분은 6.6%).	지급금액의 3.3%
소득세 정산	연말정산	없음.	종합소득세신고
4대 보험료 부담	· 사업주 : 50% 선 · 근로자 : 50% 선	· 원칙 : 좌동 · 예외 : 1개월 이상 근무 시 건강보험/국민연금 가입 의무 있음(단, 고용보험과 산재보험은 무조건 가입).	사업소득자만 부담

중개보조원에 대한
소득처리법

중개사무소 내에서 근무하고 있는 중개보조원에게 지급하는 소득을 둘러싸고 실무상 혼란이 일어나고 있다. 이들을 고용하면 법에 따라 고용 신고를 해야 하는데, 이에 맞춰 근로소득으로 처리해야 하는지, 아니면 사업소득으로 처리해도 되는지 등에 관한 판단이 서지 않기 때문이다. 알다시피 근로소득과 사업소득은 과세 방식 등에서 많은 차이가 있다.

1. 근로소득과 사업소득의 비교

1) 세제의 비교

구분	근로소득	사업소득
원천징수	간이세액표	3.3%
4대 보험료	발생함(사무소와 근로자가 부담).	발생하지 않음.*
퇴직금 지급 의무	있음.	없음.
근로기준법 준수의무	있음.	없음.
소득세 정산	2월 연말정산	5월 종합소득세 정산

* 지역에서 건강보험료를 부담해야 함.

사무소로서는 근로소득으로 처리함으로써 4대 보험료, 퇴직금 지급 의무 등이 발생한다. 하지만 사업소득으로 처리하면 이러한 지급 의무가 발생하지 않는다.

2) 소득의 구분

그렇다면 앞의 소득은 마음대로 선택할 수 있을까? 아니다. 세법에서는 다음과 같은 기준으로 소득 구분을 하도록 하고 있다.

"거주자가 고용 관계나 이와 유사한 계약에 따라 근로를 제공하고 지급받은 대가는 소득법상 근로소득에 해당하고, 고용 관계없이 독립된 자격으로 계속적이고 반복적으로 용역을 제공하고 일의 성과에 따라 지급받는 수당 또는 이와 유사한 성질의 금액은 사업소득에 해당한다. 한편 일시적으로 용역을 제공하고 지급받는 대가는 기타소득에 해당한다."

여기서 중요한 것은 '고용 관계'에 있으면 근로소득, 없으면 사업소득 또는 기타소득으로 구분될 수 있다는 것이다. 후자는 계속적·반복적이면 사업소득, 그렇지 않으면 기타소득이 된다.

2. 중개보조원의 소득 처리법

중개보조원의 소득 처리는 고용 관계에 따라 따라질 것으로 보인다. 여기서 고용(雇用, employment)은 고용되는 자(근로자·피용자)가 고용하는 자(사용자·고용주)에 대해 노무를 제공할 것을 약정하고 고용하는 사람이 그 노무에 대해 임금을 지급할 것을 약정함으로써 성립하는 계약에 해당한다. 따라서 실무에서는 이 2가지 형태로 소득 처리를 할 수 있다.

1) 고용 관계가 있는 경우

중개사무소에서 근무하고 있는 중개보조원은 공인중개사법에 따라 고용 신고의 대상이 된다. 따라서 실제 사무소 내에서 근무한 직원들은 명칭 여하에도 불구하고 모두 근로소득으로 처리하는 것이 타당하다.

⊙ 세법에서는 고용 관계 여부를 확인할 때 근로계약서를 확인하게 된다. 따라서 근로소득계약서는 상당히 중요하다.*

* 이를 작성하지 않으면 과태료(500만 원 이하)가 부과될 수 있다.

2) 고용 관계가 없는 경우

실제 내용상으로 볼 때 '독립적인 지위'에서 용역을 제공하는 경우에는 사업소득으로 처리할 수도 있다. 이 경우에는 추후 입증을 위해 사무소와 독립적인 관계에 있다는 사실을 별도의 용역계약서(일명 프리랜서 계약서)에 반영하는 경우가 많다.*

* 실제는 근로자인데 형식을 프리랜서 형식으로 하면 근로기준법상 문제 소지가 있다.

※ 서면 인터넷 방문 상담 1팀-1094, 2005.09.16

귀 질의의 경우 동 내근사원이 용역의 대가로 받는 금액이 실질적으로 회사와의 고용 관계없이 독립된 자격으로 용역을 제공하고 일의 성과에 따라 지급받는 것이라면, 이는 사업소득으로 구분하는 것임.

3. 적용 사례

사례를 통해 앞의 내용을 이해해보자.

K 중개사무소에서는 다음과 같이 구인 광고를 냈다. 물음에 답하면?

| 근무 조건 |

1. 근무 형태 : 프리랜서
2. 근무 요일 : 주 6일(협의)
3. 근무시간 : 오전 10 : 00 ~
4. 급여 : 비율제(사무소 7 : 본인 3)
5. 기타 : 중식 지원, 광고비 지원(월 100만 원) 등

Q1. 앞의 프리랜서는 공인중개사법상 중개보조원에 해당하는가?

그렇다.

Q2. 만일 앞 중개보조원의 고용 사실을 신고하지 않으면 어떻게 되는가?

500만 원 이하의 과태료가 부과될 수 있다.

Q3. 앞의 프리랜서에서 지급되는 소득은 세법상 무슨 소득인가?

근무시간 등이 지정된 것으로 보아 세법상 근로소득에 가깝다고 판단된다.

Q4. 만일 K 중개사무소가 중식비와 광고비 지원항목의 금액(월 100만 원)과 수당을 사업소득으로 해서 신고했다고 하자. 이 경우, 세법상 문제가 없는가?

이 경우 다음과 같은 문제점이 발생할 것으로 예상한다.

• 근로소득에 대한 원천징수 불이행에 따른 각종 가산세(지급명세서 미 제출 가산세 등)가 발생할 수 있다.
• 4대 보험료가 추징될 수 있다.

- 퇴직금 지급 의무가 발생할 수 있다.
- 최저임금 제도 등이 적용될 수 있다.

이 외 근로기준법상의 근로계약서 미작성 등과 관련된 과태료가 발생할 수 있다.

Q5. Q4의 경우, 어떤 경로를 통해 이 문제가 노출될까?

과세당국이 중개사무소에 대해 사후검증을 하거나 세무조사를 하지 않는 이상 해당 문제가 잠복할 가능성이 크다. 하지만 당사자가 이 문제를 외부기관에 알리면 쟁점이 발생할 수 있다.

Q6. 세무조사에 의해 이 문제가 현실화되었다. 세금추징이 될까?

프리랜서 계약서 등이 있고, 그것에 맞게 출금이 되었다면 추징이 일어날 가능성은 거의 없다. 다음의 Tip을 참조하기를 바란다.

Tip   **중개보조원에 대한 인건비 처리의 현실**

중개보조원을 고용하면 인건비 외에 4대 보험료 등을 부담해야 하므로 중개사무소로서는 대부분 프리랜서 형식으로 급여를 지급하고 있는 것이 현실이다. 물론 대형 중개법인의 경우에는 그렇지 않은 경우가 많다. 그렇다면 향후 이러한 사실이 발각될 경우, 세무상 문제점이 실제 발생할까?

일단 프리랜서에 대한 계약서가 작성되어 있고, 그것에 맞게 원천징수 등이 이행되었다면 별다른 이의를 제기하지 않을 가능성이 크다. 중개사무소의 종합소득세 자체는 정상적으로 계산되었기 때문이다.

프리랜서의 수당과 원천징수,
그리고 4대 보험

중개사무소에서 프리랜서와 일을 하는 경우가 종종 있다. 이때 프리랜서는 자신의 실적에 따라 수당을 지급받기 때문에 세법상 자유 직업 소득자에 해당한다. 그런데 어떤 경우에는 사업자등록이 되어 있는 자에게 수당을 포함한 각종 용역비를 지급할 수 있다. 따라서 소득의 성격에 따라 원천징수 방법을 제대로 이해할 필요가 있다.

1. 별도의 사업장이 없는 경우

프리랜서가 중개사무소 내에서 용역을 수행하는 경우에는 이는 전형적인 사업소득*으로 보아 3.3%의 원천징수 의무를 이행하면 된다. 이때 4대 보험료는 부과되지 않는다.

* 이러한 소득은 부가법상 부가세가 면제되는 인적용역이라고 하는데 이에 대한 구체적인 내용은 이 장의 Tip을 참조하기를 바란다.

1) 수당 지급과 원천징수 등
• 원천징수 세율 : 3.3%
• 4대 보험료 징수 : 없음.

2) 원천징수 사례

예) 중개사무소에서 100만 원을 지급하기로 한 경우

구분	금액	비고
총지급액	1,000,000원	
−원천징수 세액	33,000원	소득 받은 자는 향후 소득세 신고 시 기납부 세액으로 공제
=공제 후 지급액	967,000원	

☞ 한편 이렇게 지급된 금액(100만 원)은 중개사무소의 필요경비로 처리된다.

2. 별도의 사업장이 있는 경우

중개사무소가 외부사업자와 업무협약을 체결한 때도 있다. 이때 외부사업자가 과세사업자이면 세금계산서를 주고받으면 되고, 면세사업자이면 원천징수의 문제가 있다.

1) 과세사업자

외부의 사업자가 일반과세자에 해당하면 세금계산서를 받아 대가를 지급하면 된다. 이때는 원천징수가 필요 없다. 세금계산서에 의해 소득이 투명하게 노출되었기 때문이다. 한편 간이과세자의 경우에는 영수증을 받으면 되나, 세금계산서 발행 간이과세자로부터는 세금계산서를 받아야 한다. 이러한 문제에 대해서는 제2장에서 자세히 살펴보았다.

2) 면세사업자

외부의 프리랜서가 면세사업자로 등록된 경우에는 먼저 3.3%의 원천징수를 해야 한다. 계산서를 발행받은 경우에도 마찬가지다. 이에 대해서는 다음에서 별도로 살펴본다.

부가령 제42조 제1호에서는 다음의 용역에 대해서는 부가세가 면세되는 인적용역으로 본다. 여기서 중요한 것은 면세사업에 해당하기 위해서는 사무실 등 임차시설이 없어야 하는 한편, 종업원을 고용하지 않아야 한다는 것이다. 만일 이 조건을 충족하지 못하면 부가세 과세사업자가 된다.

1. 개인이 기획재정부령으로 정하는 물적 시설 없이 근로자를 고용하지 아니하고 독립된 자격으로 용역을 공급하고 대가를 받는 다음 각 목의 인적용역

　　가. 저술·서화·도안·조각·작곡·음악·무용·만화·삽화·만담·배우·성우·가수 또는 이와 유사한 용역

　　나. 연예에 관한 감독·각색·연출·촬영·녹음·장치·조명 또는 이와 유사한 용역

　　다. 건축감독·학술 용역 또는 이와 유사한 용역

　　라. 음악·재단·무용·요리·바둑의 교수 또는 이와 유사한 용역

　　마. 직업운동가·역사·기수·운동 지도가 또는 이와 유사한 용역

　　바. 접대부·댄서 또는 이와 유사한 용역

　　사. 보험가입자의 모집수당·장려수당·집금수당 또는 이와 유사한 성질의 대가를 받는 용역과 서적·음반 등의 외판원이 판매실적에 따라 대가를 받는 용역

　　아. 저작자가 저작권에 의해 사용료를 받는 용역

　　자. 교정·번역·고증·속기·필경(筆耕)·타자·음반취입 또는 이와 유사한 용역

　　차. 고용 관계없는 사람이 다수인에게 강연을 하고 강연료·강사료 등의 대가를 받는 용역

　　카. 라디오·텔레비전 방송 등을 통해 해설·계몽 또는 연기를 하거나 심사를 하고 사례금 또는 이와 유사한 성질의 대가를 받는 용역

　　타. 작명·관상·점술 또는 이와 유사한 용역

　　파. 개인이 일의 성과에 따라 수당이나 이와 유사한 성질의 대가를 받는 용역*

* 고용 관계가 없는 프리랜서가 받은 용역비 등은 여기에 해당한다. 참고로 중개사무소에 고용된 중개보조원의 성과급은 이에 근거해 사업소득으로 구분해 소득 처리를 하는 곳이 많으나, 이론적으로 보면 근로소득에 가깝다. 따라서 실무 적용 시 반드시 세무대리인의 의견을 들어 업무 처리를 해야 할 것으로 보인다.

중개사무소가 용역비를 지급할 때의
원천징수 처리법

중개사무소가 프리랜서에게 용역비 등을 지급할 때는 사업소득으로 보고 3.3% 원천징수를 하면 된다. 그런데 외부에서 별도 사업장을 가지고 있는 프리랜서의 경우, 원천징수를 해야 하는지, 아니면 세금계산서 등을 받아야 하는지 이 부분이 헷갈릴 수 있다. 다음에서 이 문제를 따져보자.

1. 과세사업자

프리랜서가 부가세 과세사업자에 해당하면, 다음과 같은 식으로 세금계산서를 발행해야 한다.

1) 일반과세자

프리랜서가 사업장 등을 갖추면 과세사업자가 되고, 매출액이 연간 8,000만 원 넘어가면 일반과세자가 된다. 따라서 이들은 공급가액 외 부가세 10%가 기재된 세금계산서(전자세금계산서 포함)를 무조건 발행해야 한다.

2) 간이과세자

연간 공급대가가 4,800만 원에 미달한 간이과세자는 세금계산서를 발행할 수 없으나, 8,000만 원에 미달하는 간이과세자는 이를 발행해야 한다. 주의하기를 바란다.

2. 면세사업자

1) 원천징수 이행

소득법에서는 원천징수 대상 사업소득*을 지급하면 무조건 원천징수를 하도록 하고 있다. 만약 이의 의무를 이행하지 않으면 가산세를 부과한다.

* 부가세 면제되는 의료보건용역과 인적용역을 말한다.

2) 계산서 발행

부가세가 면세되는 재화 또는 용역을 공급하는 사업자는 계산서를 발행해야 한다. 그런데 원천징수 영수증을 발행한 경우에는 계산서를 발행한 것으로 보므로 이 경우에는 계산서 발행을 생략할 수 있다(원천징수 시→계산서 발행 생략 가능, 계산서 발행 시→원천징수해야 함).

> ※ 소득령 제211조 제5항
> ⑤ 사업자가 법 제144조의 규정에 따라 용역을 공급받는 자로부터 원천징수 영수증을 발행받는 것에 대하여는 제1항의 규정에 따른 계산서를 발행한 것으로 본다.

3. 적용 사례

사례를 통해 앞의 내용을 확인해보자. 물음에 답하면?

> **| 자료 |**
> • 중개사무소에서 사업장이 있는 프리랜서에게 용역비를 지급하고자 함.
> • 프리랜서의 사업장은 일반과세자로 등록되어 있음.

Q1. 중개사무소가 수당을 지급할 때 원천징수를 해야 하는가?

아니다. 일반과세자로 등록되어 있다면 세금계산서를 받아서 처리해야 한다. 물론 이때 세금계산서 대신 카드전표나 현금영수증을 수취해도 된다.

사례 2

중개사무소가 면세사업자인 프리랜서에게 용역비를 지급하는 경우, 각 물음에 답하면?

> **| 자료 |**
> • 중개사무소에서 사업장이 없는 프리랜서에게 용역비를 지급하고자 함.
> • 프리랜서는 자택을 사업장으로 해 면세사업자로 등록되어 있음.

Q1. 중개사무소가 수당을 지급할 때 원천징수를 해야 하는가?

그렇다. 부가세가 면세되는 자유 직업소득자에 대해서는 3.3%의 세율로 원천징수를 해야 한다.

Q2. 만일 원천징수를 하지 않으면 어떻게 되는가?

사업자등록을 한 면세사업자로부터 원천징수 대상 사업소득의 인적 용역을 받고 대가를 지급하는 사업자는 원천징수 의무가 있는 것이며, 그 대가를 지급하는 때 원천징수 영수증을 발행해야 한다. 이때 원천징수 의무를 이행하지 않은 경우에는 소득법에 따른 가산세 적용 대상이 된다.

Q3. 만일 원천징수를 한 경우 무조건 계산서를 받아야 하는가?

아니다. 원천징수를 하면 계산서를 받지 않아도 된다.

☝ 원천징수는 법에서 정한 대로 무조건 이를 이행해야 한다. 이를 하지 않으면 원천징수 불이행 가산세와 지급명세서 미제출 가산세 등이 부과될 수 있다. 단, 원천징수를 한 경우에는 계산서 발행을 생략할 수 있다

Q4. 원천징수를 하면 계산서를 받지 않아도 되지만, 계산서를 받았다고 해서 원천징수를 하지 않으면 가산세가 부과된다. 맞는가?

그렇다. 계산서 수취 여부와 무관하게 원천징수 대상 사업소득을 지급하는 자는 소득세를 원천징수해야 하기 때문이다.

중개사무소가 알아야 할
기타의 원천징수

앞에서 본 근로소득이나 사업소득 외에 이자소득이나 일용직 소득, 기타소득 등에 대한 원천징수와 이에 대한 소득세 과세 방식을 요약해 보자. 소득세 과세 방식은 크게 종합과세, 분리과세, 선택적 분리과세가 있음을 제2장에서 살펴보았다.

1. 이자소득·배당소득

이 두 소득을 묶어 금융소득이라고 하며, 원천징수 세율은 14%가 된다. 다만, 이자소득 중 비영업대금이익(개인의 이자)이나 동업자 배당소득 등은 25%로 원천징수된다. 참고로 이러한 소득세 원천징수 세율의 10%는 지방소득세로 원천징수된다.

▶ 금융소득이 연간 2,000만 원 이하 : 분리과세
▶ 금융소득이 연간 2,000만 원 초과 : 종합과세

2. 일용근로자의 근로소득

일용근로자의 근로소득은 다음과 같이 원천징수된 세액을 납부함으로써 납세의무가 종결된다. 즉 무조건 분리과세가 적용된다.

• 원천징수 세액=(근로소득-15만 원)×6%

▶ 일용직 근로소득 : 무조건 분리과세

3. 연금소득

연금소득은 크게 공적연금소득(국민연금, 공무원연금 등)과 사적연금소득(연금저축, 퇴직연금 등)으로 구별된다.

① 공적연금소득

연금을 지급하는 쪽에서 연금소득 간이세액표에 따라 원천징수를 한다.

▶ 공적연금소득(수령액 불문) : 종합과세

② 사적연금소득

연금을 지급하는 보험회사 등에서는 1,500만 원까지는 3~5%로 원천징수한다. 그리고 이에 대해서는 분리과세를 적용한다. 한편 이를 초과한 연금에 대해서는 종합과세를 적용하나, 15%의 세율을 적용한 분리과세를 선택할 수 있도록 하고 있다.

▶ 사적연금소득 1,500만 원 이하 수령 시 : 분리과세(3~5%)
▶ 사적연금소득 1,500만 원 초과 수령 시 : 분리과세(15%)와 종합과세 중 선택

4. 기타소득

기타소득의 경우 기타소득 금액의 22%(기타소득 기준 8.8%)로 원천징수를 한다.

1) 기타소득의 범위

소득법 제21조에서는 기타소득의 범위에 대해 다양하게 정하고 있다. 중개사무소에서 알아두면 좋을 내용을 요약하면 다음과 같다.

- 계약의 위약 또는 해약으로 인해 받는 위약금
- 재산권에 관한·사례금 알선수수료*(제6상 참조)
- 사례금*
- 권리금 등

* 알선수수료는 소개비 등에 해당한다. 다음의 통칙을 참조하기를 바란다.

※ 소득법 기본통칙 21-0…5 [알선수수료 등의 소득 구분]
① 법 제21조 제1항 제16호에 규정하는 재산권에 관한 알선수수료는 다른 소득에 속하지 아니하는 것으로서 재산의 매매·양도·교환·임대차계약 기타 이와 유사한 계약을 알선하고 받는 수수료를 말한다.
② 법 제21조 제1항 제17호에 규정하는 사례금에는 다른 소득에 속하지 아니하는 것으로서 다음 각호의 것을 포함한다.
1. 의무 없는 자가 타인을 위하여 사무를 관리하고 그 대가로 지급받는 금품. 다만, 그 의무 없는 자가 타인을 위하여 실지로 지급한 비용의 청구액은 제외한다.

2) 기타소득 원천징수

① 필요경비

일시적인 인적용역이나 문예 창작소득, 권리금 등은 기타소득의 60%를 비용으로 인정한다. 하지만 복권당첨소득 등은 이러한 경비를 인정하지 않는다.

② 세율

일반적으로 기타소득 금액의 22%로 한다. 여기서 기타소득 금액은 지급대가에서 필요경비를 차감한 금액이나, 노력이 수반되는 기타소득은 60%(문예창작, 강연, 권리금 등)의 필요경비가 인정되나, 노력이 수반되지 않은 소득(위약금 등)은 필요경비가 인정되지 않는다. 이러한 점에 유의해 원천징수를 해야 한다.

3) 소득자의 과세 방식

▶ 무조건 분리과세 : 복권당첨소득 등
▶ 위 외 기타소득 금액이 300만 원 이하 : 분리과세와 종합과세 중 선택
▶ 위 외 기타소득 금액이 300만 원 초과 : 종합과세

4) 적용 사례
다음 자료를 보고 물음에 답하면?

| 자료 |
• 중개를 진행 중에 위약금 1,000만 원이 발생했다.
• 중개사무소에서 소개비 조로 개인에게 100만 원을 지급하려고 한다.
• 사무소를 얻을 때 권리금 1,000만 원이 발생했다.

Q1. 위약금 1,000만 원에 대한 원천징수 세액은?
220만 원을 원천징수해야 한다. 위약금에 대해서는 필요경비 없이 전체 받은 금액에 22%를 적용한다.

Q2. 소개비 100만 원에 대한 원천징수 세액은?
이 경우에는 22만 원을 원천징수해야 한다.

Q3. 권리금에 대해서도 원천징수를 해야 하는가? 그렇다면 얼마를 원천징수해야 하는가?

권리금은 영업권의 대가로 받은 것이므로 60%의 경비를 인정한다. 따라서 1,000만 원의 40%인 400만 원의 22%인 88만 원을 원천징수해야 한다.

Tip	원천징수 대상 소득과 분리과세의 관계

이자소득 등의 소득자에게 적용되는 과세 방식을 요약하면 다음과 같다.

구분	내용	종합과세 선택 가능 여부*
이자·배당소득	소액 금액소득(2,000만 원 이하)	불가
사업소득	3.3% 원천징수 대상 소득	불가
근로소득	일용근로자의 근로소득(금액 불문)	불가
연금소득	소액 사적연금소득(1,500만 원 이하)	불가**
기타소득	소액 기타소득 금액(300만 원 이하)	가능
	복권당첨금	불가

* 분리과세와 종합과세 중 유리한 것을 선택할 수 있음을 말한다.

** 사적연금소득이 1,500만 원 초과 시에는 종합과세와 분리과세(15%) 중에서 선택할 수 있다.

중개사무소에서 정직원을 1명 추가로 고용한 경우의 세제효과를 사례를 통해 분석해보자. 이러한 모형은 중개보조원을 채용할 때 근로소득으로 할 것인지, 사업소득으로 할 것인지 등에 대한 의사결정 시 참고하면 좋을 것으로 보인다. 조특법에서 주어진 고용증가에 따른 고용 세액공제액이 상당히 크기 때문이다. 물론 이러한 세액공제를 받기 위해서는 최소한 2년 이상 고용을 유지해야 한다. 혜택만 받고 의무를 다하지 않는 것을 방지하기 위한 취지가 있다.

사례

K 중개사무소에서는 청년(34세 이하) 1명을 직원을 고용하려고 한다. 이 경우 세제효과를 분석해보자. 참고로 급여는 월 300만 원, 4대 보험 사업자부담률 9%, 세율은 38.5%, 세액공제는 1,450만 원(수도권)을 적용한다. 단, 퇴직급여는 분석에서 제외하기로 한다.

(단위 : 원)

구분		1년간의 효과	비고
유출	월급	36,000,000	
	4대 보험료	3,240,000	9% 가정
	계	39,240,000	
유입	절세효과	15,107,400	38.5% 적용
	고용세액공제*	14,500,000	가정(고용유지 시 최대 3년간 계속 적용)
	기타	-	생략
	계	29,607,400	
순유출액		△9,632,600	유출액-유입액

* 이에 대해서는 제6장에서 살펴본다.

앞의 결과를 보면 직원채용에 따른 급여 등이 지출은 되지만, 지출액이 비용 처리가 되면서 절세효과를 발생시키고 있음을 알 수 있다. 또한, 세제지원 제도 등을 적용받으면 급여지출에 따른 유출액이 많이 감소하는 것을 알 수 있다.

중개보조원에 대한 소득을 근로소득 또는 사업소득으로 처리한 경우의 현금흐름을 중개사무소의 입장과 중개보조원의 관점에서 분석해보자. 여기서 참고할 것은 다음의 분석은 절대적이라는 것은 아니라는 것이다. 조건에 따라 그 결과가 달라질 수 있기 때문이다.

1. 중개사무소의 입장

사례 1

K 중개사무소(일반과세자)에서는 다음과 같이 매출이 발생해 이 중 일부를 중개보조원에게 성과급으로 지급하려고 한다. 물음에 답하면?

| 자료 |
• 중개보조원의 용역으로 얻은 보수료 : 1억 원
• 이 중 5,000만 원은 성과급으로 지급

Q1. 앞의 보수료에 대해 K 중개사무소는 세금계산서를 어떤 식으로 발행해야 할까?

공급가액 1억 원, 부가세 1,000만 원으로 해서 발행한다.

Q2. 이를 근로소득으로 지급하면 K 중개사무소의 현금흐름을 어떤 양상을 보일까? 참고로 비고 란의 숫자들은 임의로 가정한 것이다.

구분		금액	비고
수입금액(①)		1억 원	
비용지출 (②)	성과급	5,000만 원	자료
	사무소 분 4대 보험료	450만 원	5,000만 원×9%
	퇴직금 지급 의무	410만 원	410만 원(5,000만 원/12개월)
	본인의 건강보험료 추가	290만 원*	가정(소득금액의 7% 선)
	계	6,150만 원	
소득세 절세효과(③)		2,150만 원	비용 계×35%**(가정)
현금 유입(①-②+③)		6,000만 원	

* [1억 원-(5,000만 원+450만 원+400만 원)]×7%=290만 원

** 적용되는 세율이 35% 미만이면 절세효과가 작아지며, 35%를 초과하면 절세효과가 커진다.

Q3. 이를 사업소득으로 지급하면 K 중개사무소의 현금흐름을 어떤 양상을 보일까? 참고로 비고 란의 숫자들은 임의로 가정한 것이다.

구분		금액	비고
수입금액(①)		1억 원	
비용지출 (②)	성과급	5,000만 원	자료
	사무소 분 4대 보험료	–	
	퇴직금 지급 의무	–	
	본인의 건강보험료 추가	350만 원*	가정(소득금액의 7% 선)
	계	5,350만 원	
소득세 절세효과(③)		1,872만 원	비용 계×35%(가정)
현금 유입(①-②+③)		6,522만 원	

* 5,000만 원×7%=350만 원

Q4. 소득을 지급하는 사무소로서는 어떤 안이 유리한가?

사업소득으로 처리하는 안이 500만 원 정도 유리한 것으로 나왔다. 물론 사무소가 처한 환경에 따라 이 결과가 달라질 수 있음에 유의해야 한다.

2. 중개보조원의 입장

사례 2

앞의 사례를 연장해보자. 다음 자료를 보고 각 물음에 답하면?

| 자료 |
- 중개보조원은 5,000만 원의 성과급을 지급받음.
- 근로소득공제와 종합소득공제액은 3,000만 원임.
- 사업소득의 경우 수입금액의 60%는 필요경비와 소득공제액에 해당함(소득공제는 1,000만 원).

Q1. 이를 근로소득으로 지급받으면 중개보조원의 현금흐름을 어떤 양상을 보일까? 참고로 비고 란의 숫자들은 임의로 가정한 것이다.

구분		금액	비고
수입금액 (①)	근로소득	5,000만 원	
	국민연금 추가수령	225만 원	5,000만 원×4.5%
	퇴직금 추가수령	400만 원	400만 원(5,000만 원/12개월)
	계	5,625만 원	
근로소득세(②)		474만 원	(5,000만 원-1,000만 원)× 15%-126만 원=474만 원
현금 유입(①-②)		5,151만 원	

Q2. 이를 사업소득으로 지급하면 중개보조원의 현금흐름을 어떤 양상을 보일까? 참고로 비고 란의 숫자들은 임의로 가정한 것이다.

구분		금액	비고
수입금액 (①)	사업소득	5,000만 원	
	국민연금 추가수령		
	퇴직금 추가수령		
	계	5,000만 원	
사업소득세(②)		294만 원	(7,000만 원-4,200만 원*)× 15%-126만 원=294
현금 유입(①-②)		4,706만 원	

* 수입금액의 60%는 필요경비 등으로 가정함.

Q3. 소득을 지급받는 중개보조원으로서는 어떤 안이 유리한가?

근로소득으로 처리하는 안이 445만 원 정도 유리한 것으로 나왔다. 물론 사무소가 처한 환경에 따라 이 결과가 달라질 수 있음에 유의해야 한다.

3. 추가 분석

앞의 사례를 종합하면 중개보조원의 소득은 사무소는 사업소득, 중개보조원은 근로소득으로 처리되는 것이 현금 유입의 효과가 더 높다. 그런데 여기에서 조특법에서 적용하고 있는 고용 세액공제를 적용하면, 그 결과가 달라질 수 있다. 예를 들어, 앞 사례1의 Q2의 결과에 고용 세액공제 1,450만 원을 더하면 다음과 같은 현금흐름을 얻을 수 있다.

구분		금액	비고
수입금액(①)		1억 원	
비용지출(②)	성과급	5,000만 원	자료
	사무소 분 4대 보험료	450만 원	5,000만 원×9%
	퇴직금 지급 의무	410만 원	410만 원(5,000만 원/12개월)
	본인의 건강보험료 추가	290만 원	가정(소득금액의 7% 선)
	계	6,150만 원	
소득세 절세효과(③)		2,150만 원	비용 계×35%(가정)
현금 유입(④=①-②+③)		6,000만 원	
추가 현금 유입(⑤)		1,450만 원	고용 세액공제
최종 현금 유입(④+⑤)		7,450만 원	

👉 이렇게 보면 중개보조원에 대한 소득을 사업소득으로 처리하는 업무 처리 방식은 개선될 필요가 있다.

※ 통합 고용 세액공제(3년간 적용)

구분*	수도권**	지방
34세 이하 청년	1,450만 원	1,550만 원
장애인	1,450만 원	1,550만 원
60세 이상	1,450만 원	1,550만 원
경력단절 여성	1,450만 원	1,550만 원
이 외 일반 근로자	850만 원	950만 원

* 앞의 적용 대상은 정규직원에 한하며 아래는 제외된다.
 · 계약 기간 1년 미만 근로자(총 기간이 1년 이상인 경우는 제외)
 · 단기간 근로자(단, 1개월 소정근로시간이 60시간인 자는 제외)
 · 대표자(최대주주)와 배우자, 직계존비속과 친족 관계인 등
** 서울, 인천, 경기도 전 지역을 말한다.

제6장

●●●●●

중개사무소의
비용 처리법

중개사무소에서 처리할 수 있는 비용의 범위

중개사무소를 포함한 개인사업자가 장부를 작성해 소득세 신고를 할 때 필요경비 처리법에 대해 알아보자. 여기서 필요경비(必要經費)란, 사업에 필수적으로 수반되는 각종 비용을 말한다.

1. 대원칙

중개사무소에서 소득세 계산 시 사업과 관련된 경비를 원칙적으로 모두 필요경비로 처리할 수 있다. 하지만 소득세는 법인세와는 달리 소득법 제27조에서 열거된 경비만 경비처리를 할 수 있다. 이에 열거가 되지 않으면 비용 처리가 쉽지 않은 경우가 많다. 따라서 다음과 같은 기준을 가지고 이에 대해 업무 처리를 하는 것이 좋다.

1) 직접비용

중개사무소를 운영하는 데 필수적으로 들어가는 비용들은 큰 걸림돌 없이 비용 처리가 가능하다. 이에는 다음과 같은 것들이 있다.

- 인건비(각종 수당 포함)
- 4대 보험료

- 임차료
- 광고비
- 감가상각비(비품, 차량) 등

2) 간접비용

중개사무소를 운영하는 데 필수적인 비용이 아닌 것들로 접대비, 소모품비, 차량비 등이 이에 해당한다. 이러한 비용들은 명확한 기준이 없어 실무자의 판단에 따라 비용으로 처리되곤 한다. 예를 들어 개인적으로 식사비를 100만 원 지출한 경우, 이를 필요경비로 산입할 수 있을까? 어떤 실무자는 해당 식사비를 접대비로 보고 경비 처리를 할 수도 있고, 어떤 실무자는 업무 무관 비용으로 보아 경비 처리를 할 수 없다고 할 수도 있다.

2. 실무적인 경비 처리의 지침

앞에서 본 것처럼 똑같은 지출을 하고도 처리 내용이 달라지므로 이에 대한 실무 처리 기준이 필요할 수 있다.

구분	내용	관리 방안
한도가 있는 지출	· 접대비 · 감가상각비 · 차량비	한도를 지키면 된다.
전액 경비가 인정되지 않는 지출	· 가정집에서 사용된 지출 · 피부 성형 등 관련 지출	장부에 계상하지 말아야 한다.
경비 처리가 가능하지만, 사후에 문제가 되는 지출*	· 골프비용 · 과다한 유흥비용	장부에 계상할 수 있지만, 세무 위험을 감수해야 한다.

* 배우자 등의 카드로 지출된 것도 비용 처리를 할 수 있지만, 업무관련성이 있어야 한다. 유의하기 바란다.

3. 적용 사례

사례를 통해 앞의 내용을 확인해보자.

Q1. 마트에서 지출하는 비용은 세법상 비용으로 인정되지 않는가?

마트에서 지출한 비용이라고 해서 무조건 부인되는 것은 아니다. 사업과 관련된 물품(식자재나 소모품 등)비는 필요경비에 해당하기 때문이다.

Q2. 사업자가 개인적으로 지출하는 비용은 비용 처리가 되는가?

사업자의 카드사용 내역이 상당히 많은데, 이를 일일이 검증할 수 없으므로 소액이라면 접대비 등으로 처리가 가능한 것이 현실이다.

Q3. 사업자가 지출한 해외 시찰비도 비용으로 인정되는가?

업무와 관련된 경우에는 비용으로 인정된다.

※ 소득, 서면 인터넷 방문 상담 1팀-120, 2007.01.22

업무와 관련 있는 해외 시찰·훈련비는 필요경비에 산입할 수 있는 것이며, 업무 수행상 필요하다고 인정되는 해외여비인지는 여행의 목적, 여행지, 여행 기간, 수행한 업무의 내용 등을 참작해 사실 판단할 사항임.

Q4. 배우자를 사무소에 취업시키고 급여를 지급한 경우, 비용으로 인정되는가?

실질이 그렇다면 부인을 하지 못할 것이다. 하지만 위장 취업에 해당하면 당연히 비용을 부인할 수밖에 없을 것이다.

Q5. 개인용 컴퓨터를 200만 원 주고 산 경우, 비용 처리는 어떻게 하는가?

감가상각 자산으로 분류해 몇 년에 걸쳐 감가상각비로 계상할 수 있고, 아니면 당기의 비용으로 처리할 수 있다(개인용 전화기나 컴퓨터는 선택권이 있다).

Q6. 인테리어 공사비가 1억 원이 들어가면 비용 처리는 어떻게 할까?

사업자가 정한 기간(감가상각 기간) 내에 균등 상각 등의 방법으로 감가 상각할 수 있다. 예를 들어 5년, 균등 상각을 하면 1년간 2,000만 원을 비용으로 처리할 수 있다. 물론 감가상각비는 이 한도 내에서 자유롭게 장부에 반영할 수 있다. 즉 이익이 나지 않을 때는 감가상각비를 장부에 계상하지 않을 수 있다.

Tip	비용 관리법

비용은 손익계산서에 반영되는데, 항목별 관리 포인트를 살펴보자.

구분	내용	관리 포인트
수익(매출)		매출 누락
-) 비용	매출액을 달성하기 위해 들어간 원가	
급여	직원의 급여	가족·가공 인건비 계상 여부
잡급	일용직의 급여	
퇴직급여	직원의 퇴직급여	퇴직연금납입액 또는 실제 퇴직금 지급 여부
복리후생비	직원을 위해 복리후생 성격으로 사용한 금액	과다지출 시 가공경비 혐의
교육훈련비	직원의 교육 훈련을 위해 지출한 비용	해외 여행비 계상 여부
여비교통비	업무 관련 교통비	내근직의 여비교통비 부인
접대비	업무 관련 향응 제공비	한도 초과 시 경비부인 골프장 비용과 가사경비
감가상각비	기계장치 등에 대한 상각비	세무조사 시 중점점검 항목임.
차량 유지비	업무용 차량에 관련된 비용 (사업자의 출퇴근비용도 포함)	연간 한도 1,500만 원 초과 시는 운행일지로 업무용으로 사용되었음을 입증해야 함.

지급 임차료	월세나 리스료 등	리스료 중 일부는 이자 비용으로 처리해야 함.
세금과 공과	재산세 등	
통신비	사업자의 통신비	가사통신비 계상 여부
지급수수료	프리랜서 수당*, 세무회계 사무소 수수료 등	세무조사 시 중점점검 항목
광고 선전비	포털광고비 등	공동광고비 한도 초과액 부인, 특수관계인과 거래 시 조사 등
소모품비	일상적인 소모품 구입	가사경비 유무
수선비	기계장치 수선비 등	과도한 경비 등
도서인쇄비	사업장 내에서 산 책들과 인쇄비용	도서상품권 변칙 처리
무형자산 상각비	사업장 인수 시 지급한 권리금	비용 불인정 가능성
기부금	종교단체 등	가공기부금 부인
이자 비용	업무 관련 대출이자 비용	세무조사 시 중점점검 항목임.
기타 잡비	앞의 항목에 없는 비용	가사비용은 부인당함.
=)회계상 이익**	기업회계기준에 의해 도출	

* 프리랜서 수당은 지급수수료로 처리된다.

** 장부로 소득세를 신고할 때 회계상의 이익을 기준으로 산출세액을 계산한다.

· [(당기순이익+세무조정)−종합소득세 공제]×6~45%=산출세액

❻ 앞과 같은 손익계산서는 세법에서 소득세 신고 때 제출하도록 요구하고 있는 것으로 회계지식이 있어야 작성할 수 있다. 그래서 매출이 어느 정도 되는 사업자들은 이에 대한 업무 처리를 외부의 세무회계사무소에 위임하고 있는 실정이다. 만일 회계지식이 필요하다면 저자의 회계 관련 책을 찾아 공부해보기를 바란다. 내용이 쉽고 알차게 구성되어 있다.

직원과 일용직에 대한
인건비 처리법

직원에 대한 인건비는 모든 업종에서 매우 중요한 비용에 해당한다. 사업자로서는 고정비의 지출을 의미하기 때문이다. 실제 한 사람을 채용하면 급여, 4대 보험료, 퇴직금, 기타 복리후생비 등 관련 비용이 지출된다. 한편 사무소에서는 직원이 아닌 일용직이나 중개보조원 등을 채용할 수 있는데, 이 중 일용직은 직원과 세무 처리법이 조금 다르다. 한편 중개보조원은 근로소득 또는 사업소득으로 소득 처리가 되는데, 이에 대해서는 다음에서 별도로 알아본다.

1. 직원(소속공인중개사 포함)

직원은 중개사무소와 고용 관계에 있는 자를 말한다. 따라서 일반 직원은 물론이고 소속공인중개사도 포함된다. 세법은 직원에 대해 급여를 지급하는 경우, 간이세액표에 따라 원천징수를 하도록 하고 있다.

구분	지급자	지급받는 자
원천징수 세율	간이세액표	다음 해 2월 연말정산으로 소득세 정산
4대 보험료 부담	1/2 이상 부담	1/2 이하 부담
퇴직금	1년 이상 근무 시 매년 퇴직금연금*을 불입하거나 퇴직 시 지급	연금수령 시 연금소득세, 일시금 수령 시 퇴직소득세 부담

* 만약 이익이 많은 경우에는 매년 퇴직연금을 불입하면 비용을 추가할 수 있다.

▶ 원천징수 : 홈택스 상의 간이세액표에서 급여수령액에 맞는 원천
징수 세액을 조회할 수 있음.

▶ 4대 보험료 : 총 18% 중 사무소와 직원이 대략 절반씩 부담(단, 산
재보험료는 사무소만 부담)

▶ 퇴직금 : 매년 연봉의 1개월분을 퇴직연금으로 가입하거나 퇴직
시 일시금으로 지급

2. 일용직

일용직은 3개월 미만의 근무 기간 일당 형식으로 받은 근로자를 말
한다. 이에 대해서는 다음과 같이 세무 처리를 한다.

구분	지급자	지급받는 자
원천징수 세율	일당 15만 원 초과분 6.6%	원천징수로 납세의무 종결됨.
4대 보험료 부담	없음(고용보험료 등은 부담).	좌동
퇴직금*	없음.	좌동

* 계속해서 3개월 이상 근무 시 정직원이 되어 퇴직금 지급 의무 등이 발생함.

⊙ 일용직 급여에 대한 비용 처리가 많은 경우 과세당국으로부터 소명을 요구
받을 수 있다.

3. 적용 사례

사례를 통해 앞의 내용을 확인해보자. K 중개사무소에서는 다음과
같이 채용을 하고자 한다. 물음에 답하면?

| 자료 |
- A 씨 : 일용직(3개월 미만)
- B 씨 : 정규직(수습 기간 3개월 포함)
- C 씨 : 소속공인중개사

Q1. A 씨가 받은 소득은 무슨 소득에 해당하는가? 그리고 이때 원천징수는?

이는 세법상 일용직 근로소득에 해당한다. 이 경우 일당 15만 원을 초과한 금액에 6.6%로 원천징수된다.

Q2. B 씨가 받은 소득은 무슨 소득에 해당하는가? 그리고 이때 원천징수는?

이는 세법상 근로소득에 해당한다. 이 경우 근로소득 간이세액표에 의해 원천징수가 된다.

Q3. B 씨의 경우, 수습 기간도 퇴직금을 산정하기 위한 기간에 포함되는가?

당연하다. 참고로 1년 이상의 기간을 정해 근로계약을 체결하고 수습하고 있는 근로자로서 수습을 시작한 날부터 3개월 이내인 사람에 대해서는 최저임금액과 다른 금액으로 최저임금액(90% 이상)을 정할 수 있다.

Q4. A 씨나 B 씨를 채용하면 채용에 따른 세액공제를 받을 수 있는가?

통합 고용 세액공제는 1인당 최대 1,550만 원을 3년간 매년 적용해 주는 아주 파급력이 높은 공제에 해당한다. 이때 공제 대상은 일용직은 제외된다. 따라서 B 씨와 C 씨만 가능하다. 참고로 이 공제를 받으려면 최소한 고용을 유지해야 한다. 이직이 심해 고용이 감소하면 공제받은 세액을 반환해야 한다.

Q5. 만일 B 씨가 사업자의 배우자라면 고용 세액공제를 받을 수 있는가?

아니다. 가족은 제외된다.

중개사무소의
접대비 사용법

접대비는 업무와 관련해 거래처 등에 향응 등을 제공하면서 발생하는 비용을 말한다. 접대비는 자칫 기업자금을 비생산적으로 사용될 가능성이 크기 때문에 한도 등의 규제가 많다. 다음에서 중개사무소의 접대비* 사용법을 알아보자.

* 최근 기업업무추진비로 용어가 변경되었으나 이 책에서는 편의상 접대비로 부르기로 한다.

1. 접대비에 대한 세법상의 규제

접대비는 소모성 경비에 해당하므로 세법에서 다른 항목과는 달리 다양한 방법으로 규제하고 있다. 대표적인 것 몇 가지만 나열하면 다음과 같다.

1) 정규영수증의 수취

경조금의 경우 20만 원, 이 외는 3만 원 초과해 지출하면 반드시 카드전표나 현금영수증, 세금계산서를 수취해야 한다. 참고로 중개사무소는 대표자 카드, 중개법인은 법인카드(개인카드는 제외)를 사용해야 한다.

2) 개인 사용 접대비 전액 부인

개인적으로 사용하는 접대비는 전액 비용으로 인정되지 않는다. 하지만 실무적으로 해당 경비가 개인적으로 사용되었는지 이를 구분하는 것이 힘들어서 이를 판단하지 않는 경우가 많다.

3) 접대비 한도

중소기업*의 연간 기본한도는 3,600만 원(일반기업은 1,200만 원)이고, 이외 매출액이 100억 원 이하면 '매출액×1만분의 30' 상당액이 추가된다.

* 조특법 제6조 제1항에 따른 중소기업을 말한다. 중개업도 이에 해당한다.

2. 적용 사례

사례를 통해 중개사무소가 어떤 식으로 접대비를 사용하는 것이 좋을지 알아보자.

> **사례 1**

J 중개사무소의 올 한 해의 매출액은 7,000만 원이었다. 한편 접대비로 1,000만 원을 사용했다. 물음에 답하면?

Q1. 이 사무소는 기준경비율로 소득세를 신고하려고 한다. 이때 접대비는 비용 처리를 할 수 있는가?

아니다. 기준경비율은 주요 3대 비용인 임차료, 재료비, 인건비만 직접비용으로 인정하고, 나머지 소소한 비용은 수입금액에 기준경비율을 곱한 금액을 가지고 계산하기 때문이다.

Q2. 이 사무소는 장부를 작성해서 소득세를 신고하려고 한다. 그런데 접대비 1,000만 원은 대부분 개인적으로 사용한 접대비에 해당한다. 이 경우, 전액 경비로 인정되지 않는가?

이론적으로는 그렇다. 하지만 해당 접대비가 개인적으로 사용된 것인지 이를 밝히는 것은 실무상 불가능에 가깝다. 그 결과, 대부분 업무와 관련한 접대비로 보고 비용 처리를 한다.

🖝 한도 내 사용분에 대해서는 대부분 접대비로 인정한다.

Q3. 경조금도 접대비로 처리할 수 있는가?

거래처의 임직원을 위해 경조금을 지출하는 비용도 접대비로 처리할 수 있다. 그런데 사무소가 3만 원 초과해서 지출한 접대비는 카드 등을 사용해야 하는데, 경조금은 이것이 쉽지 않다. 그래서 세법은 건당 지출액이 20만 원 이하면 카드영수증 등을 첨부하지 않더라도 접대비로 인정한다. 다만, 접대비로 지출했음을 입증해야 하므로 청첩장 사본 등을 갖추는 것이 사후적으로 좋다.

> **사례 2**

K 중개사무소의 올 한 해 매출액은 10억 원이었다. 그리고 비용 중 접대비로 계상된 금액은 5,000만 원이었다. 물음에 답하면?

Q1. 접대비 한도액은 얼마인가?

중개사무소는 대부분 세법상 중소기업에 해당하므로 다음과 같이 접대비 한도액이 도출된다.

- 기본한도액 : 3,600만 원
- 추가한도액 : 300만 원[=10억 원×(1만분의 30)]
  계 : 3,900만 원

👉 즉, 이 중개사무소는 연간 3,900만 원 범위에서 접대비를 지출하면 전액 비용으로 인정받을 수 있다.

Q2. 접대비 한도 초과액은 얼마인가?

접대비로 지출한 금액이 5,000만 원이고, 한도액은 3,900만 원이므로 1,100만 원이 한도 초과액이 된다.

Q3. 접대비를 부인당하면 결과적으로 어떤 세금이 얼마나 증가하는가?

만일 이 사무소의 접대비 한도 초과액 반영 전 과세표준이 1억 원이라면 세율은 35%가 적용된다. 따라서 접대비 한도 초과액에 대한 소득세 산출세액은 다음과 같이 예상된다.

• 소득세 증가분 : 접대비 한도 초과액×35%(지방소득세 포함 시 38.5%)
 =1,100만 원×35%=385만 원(지방소득세 포함 시 423만 원)

Q4. 상품권을 구입해 거래처에 지급하는 경우, 접대비로 처리 가능할까?

그렇다. 앞에서 본 한도 내에서 비용으로 처리할 수 있다.

 사업자카드를 이용해 상품권을 5,000만 원어치를 구입해 이를 접대비 등으로 처리하면 어떤 문제가 발생하는가?

사업자카드의 사용내역은 과세당국이 관련 내용을 언제든지 조회할 수 있으므로 요주의 사무소로 낙인찍힐 수 있다. 주의해야 한다.

상품권 관련 세무 처리법

상품권 등과 관련된 세무 처리법을 정리하면 다음과 같다.

첫째, 상품권은 반드시 카드로 구입해야 한다.

개인사업자는 사업주나 직원카드, 법인은 법인카드로만 구입해야 접대비로 인정됨에 유의해야 한다.

둘째, 상품권을 사용할 때에는 세무 처리에 주의해야 한다.

상품권 사용을 접대비로 했으면 접대비, 직원들에게 나눠주면 복리후생비로 계상을 하면 된다.

⊙ 사업자가 지출한 비용에 대해서는 사업자가 이를 객관적으로 입증해야 한다. 따라서 업무 관련성 여부를 입증하기 위해서는 거래상대방이 누구인지 등이 확인되어야 하는 것이 원칙이다. 물론 금액이 소소한 경우에는 실무적으로 문제가 없는 것이 일반적이다.

③ 기타비용에 해당하는 경우

상품권을 유류대나 도서비, 커피음료대 등으로 사용하는 경우 재화나 용역 구입에 따른 영수증(세금계산서나 계산서 등)을 수취하면 된다.

셋째, 성실신고확인사업자(또는 법인)는 과다 구입 및 사용에는 특히 주의해야 한다.

실무에서 보면 상품권 구입이 많은 사업자를 대상으로 세무검증이 강화되는 추세다. 결국, 상품권 등을 과도하게 구입하는 것은 위험을 올리므로 과도한 구입은 하지 않도록 하자.

※ 부가법 집행기준 9-0-3 [상품권 관련 부가세 납세의무]

- 상품권의 판매 : 과세 대상 거래가 아님.
- 상품권의 판매 대리 및 발행대행 : 대행수수료 과세
- 상품권 판매 관련 공급 시기 : 상품권에 의해 재화를 공급하는 때
- 상품권 판매 시 세금계산서 등 발행 : 세금계산서·계산서 발행 의무 없음.

차량비를 제대로
비용으로 처리하는 방법

업무용 승용차와 관련해 발생하는 각종 비용은 사업자에게는 없어서는 안 될 중요한 경비에 해당한다. 차량 구입비는 물론이고, 각종 운행 관련 비용들이 모두 경비 처리의 대상이 되기 때문이다. 하지만 최근 이를 둘러싸고 다양한 규제들이 속속 도입되면서 주의할 것들이 상당히 많아졌다. 다음에서 차량비와 관련된 세무 처리법을 알아보자.

1. 차량 구입 시

차량을 구입하면서 내야 하는 세금에는 크게 개별소비세와 부가세, 그리고 취득세 정도가 있다. 이 중 개별소비세는 다음과 같은 자동차에 대해 부과되며, 부가세는 모든 차종에 대해 10%로 부과된다.

가. 배기량이 2,000cc를 초과하는 승용자동차와 캠핑용 자동차 : 100분의 5
나. 배기량이 2,000cc 이하인 승용자동차(배기량이 1,000cc 이하인 승용차는 제외)와
이륜자동차 : 100분의 5
다. 전기 승용자동차(일부 제외) : 100분의 5

그런데 차량을 구입할 때 납부한 부가세는 일반과세사업자가 환급을 받을 수 있으나, 개별소비세가 부과되지 않는 자동차에 한한다(부가법 제39조 제1항 제5호 참조).

▶ 중개업 : 일반과세자의 1,000cc 이하 경차, 9인승 승합차 등의 구입 및 유지와 관련된 매입세액은 공제할 수 있음.

2. 차량운행 시

차량운행 시에는 구입가격에 대한 감가상각비(5년 균등 상각)와 유류대, 자동차세, 보험료 등 각종 운행경비에 대한 비용 처리에 관해 관심을 둘 필요가 있다. 사업자의 유형에 따라 이를 규제하기 때문이다.

1) 간편장부 대상자

중개업의 경우 신규사업자와 전년도 매출액이 7,500만 원에 미달하면 간편장부 대상자가 된다. 이러한 사업자는 차량운행비에 대한 한도 규제가 없다. 따라서 다음과 같이 비용 처리를 할 수 있다.

• 감가상각비 : 4~6년 내에서 정액법이나 정률법을 적용
• 운행비 : 전액 비용으로 인정됨.*

   * 운행일지 및 업무전용 보험 가입, 차량운행비 관련 명세서 제출 등의 의무가 없다.

2) 복식부기 의무자

복식부기 의무자가 운행하는 승용차(개별소비세가 부과되는 차량을 말한다)와 관련된 비용 처리는 다음과 같은 규제가 적용된다.

① 운행일지에 따른 비용 처리

이들은 차량 운행일지를 작성해 업무사용 비율에 따라 비용 처리를

해야 한다. 다만, 이를 작성하지 않더라도 보유한 승용차 1대당 연간 1,500만 원(감가상각비는 800만 원 한도)까지 비용 처리를 할 수 있다.

② 업무전용 자동차보험 의무적 가입

복식부기 의무자는 보유 업무용 승용차 중 1대를 제외한 나머지 차량에 대해서는 사업자나 직원 등이 운전하는 특약으로 업무 전용 자동차보험에 의무적으로 가입해야 비용 처리가 인정된다. 그런데 복식부기 의무자 중 성실신고확인사업자와 전문직사업자(의사 등)는 좀 더 강화된 형태로 이 제도가 적용되고 있다.

구분	간편장부 대상자	복식부기 의무자	
		성실신고확인 대상자 등	이 외 복식부기 의무자
적용 시기	–	2020.2.11 이후	2024.1.1 이후
미가입 시 필요 경비 불산입률	–	100%	· '24~25년 : 50% · 26년 이후 : 100%

③ 차량운행비 관련 명세서 제출

업무용 승용차 관련 비용 등을 필요경비에 산입한 복식부기 의무자에 대해 이 의무를 부여하고 있다. 위반 시 1%의 가산세가 부과된다.*

* 운행일지를 작성하지 않고 비용으로 처리한 때에도 제출해야 할 것으로 보인다.

3. 차량 매각 시

일반과세자와 세금계산서 발행 간이과세자는 매각금액의 10%를 부가세로 해서 세금계산서를 교부하고, 이에 대한 부가세를 납부해야 한다. 4,800만 원에 미달하는 간이과세는 세금계산서를 교부할 필요가 없다.

구분		간편장부	복식장부
		신규, 7,500만 원 미만	7,500만 원 이상
1. 취득 시	① 취득 때 발생하는 세금	부가세, 개별소비세, 취득세 등	좌동
	② 부가세 환급 여부	개별소비세가 부과되지 않는 차량 부가세 환급 가능(일반과세자에 한함)	좌동
2. 운행 시	① 업무용 승용차 비용 규제 대상	대상 아님.	대상임.
	② 운행일지를 통한 비용인정	해당 사항 없음.	· 운행일지 작성 : 업무 사용 비율 · 운행일지 미작성 : 1,500만 원
	③ 업무전용 자동차 보험 가입	없음.	의무(불이행 때 전액 손금 불산입)
	④ 운행명세서 미제출 등 가산세	없음.	있음(1%).
3. 처분 시	① 처분 시 부가세 발생 여부	발생함.*	좌동
	② 처분손실 인정	전액 인정	연간 800만 원(초과분은 이월과세)

* 일반과세자는 매각금액의 10%, 간이과세자는 공급대가의 4%가 부가세에 해당한다.

감가상각비
처리하는 방법

중개사무소를 개설하면서 발생한 인테리어 비용이나 각종 비품 등은 지출 시 비용으로 처리하는 것이 아니라 몇 년 동안 나눠서 비용 처리를 해야 한다. 이를 감가상각이라고 한다. 다음에서 이에 대해 알아보자.

1. 감가상각의 내용

사업에 사용되는 자산은 일반적으로 시간이 경과함에 따라 점차 소모되거나 파손 또는 노후화되어 효용 가치가 감소한다. 따라서 회계상의 이익을 따질 때는 이렇게 마모된 부분도 화폐가치로 측정해서 반영해야 하는데, 이를 '감가상각비'라고 부른다. 그런데 실무적으로 이 비용을 측정하기가 쉽지 않다. 감소한 금액을 정확히 파악하는 것이 사실상 불가능하기 때문이다. 그래서 실무에서는 다음과 같은 절차에 따라 이 비용을 측정하고 있다.

첫째, 유·무형자산 중 감가상각 대상 자산에 해당하는지를 점검해야 한다.
유형자산은 주로 사업에 사용되고 있는 자산을 말하며, 이 중 감가상각 대상 자산은 시간의 경과에 따라 효용 가치가 감소하는 자산을 말한다. 중개사무소의 경우 인테리어나 기타 컴퓨터 같은 비품 등이 모두 이에 해당한다. 자가 건물이면 건물도 감가상각 대상 자산이 되지만, 토지는 마모되지 않으므로 감가상각을 할 수 없다. 한편 무형자산에는 대표적으로 권리금(세법상 용어로는 영업권)*이 있다.

* 권리금에 대한 감가상각비는 다음에서 별도로 알아보자.

둘째, 감가상각 기간을 결정해보자.

감가상각 기간은 경비로 처리할 수 있는 기간을 말한다. 알다시피 인테리어 같은 시설은 2년도 사용할 수 있고 5년도 사용할 수 있다. 그렇다면 몇 년을 기준으로 비용 처리를 하는 것이 합리적일까? 이에 대해 세법은 통상적으로 5년을 기준으로 한다. 다만, 무조건 획일적으로 5년을 고집하는 것이 아니라 사업자에게 융통성을 부여해 보통 4~6년 사이에서 정한 연수를 인정하고 있다. 따라서 인테리어의 경우 4년, 5년, 6년 중에서 하나를 선택한다.

셋째, 감가상각 방법을 보자.

앞과 같이 감가상각 기간이 선택되었다면 이제부터는 구체적인 금액을 정해야 한다. 이때 정액법과 정률법을 사용한다. 정액법은 매년 동일한 감가상각비(취득금액/내용연수), 정률법은 사업 초기에 많은 감가상각비를 계상하는 방법을 말한다. 예를 들어 인테리어 비용이 1억 원인 상황에서 5년간 정액법으로 상각하면 매년 2,000만 원의 감가상각비가 장부에 반영된다. 하지만 5년·정률법을 사용하면 첫해의 감가상각비는 정률법에 따른 상각률은 0.451이므로 ▲1년 차: 4,510만 원 ▲2년 차: 2,476만 원 ▲3년 차: 1,359만 원 등으로 해가 갈수록 감가상각비가 줄어든다. 이처럼 상각 기간과 상각 방법에 따라 비용의 크기가 달라지므로 투자비가 큰 경우에는 미리 이에 대한 회계 처리 방침을 정할 필요가 있다. 참고로 세법에서는 비품 등에 대해서는 정액법과 정률법 중 하나를 선택할 수 있도록 하고 있다.

2. 적용 사례

앞의 내용을 사례를 통해 확인해보자.

Q1. 이익이 나지 않으면 감가상각비를 중단할 수 있는가?

그렇다. 감가상각은 해마다 무조건 하는 것이 아니라 사무소의 사정에 따라 특정한 해에 대해서는 이를 하지 않아도 되기 때문이다.

● 감가상각비는 세법상의 한도를 초과하는 것만 문제가 된다. 따라서 특정한 해에 이익이 줄어들거나 결손이 예상될 때는 감가상각하지 않아도 된다. 물론 다음 해부터 미상각잔액에 대해 감가상각을 진행할 수 있다.

Q2. 사업 초기에 많은 이익이 기대되는 경우 감가상각을 최대한 하고 싶다면?

이때에는 감가상각 기간을 단축하고 정률법을 선택한다. 앞에서 보았듯이 감가상각비는 사무소의 형편에 따라 장부에 반영할 수 있는 특권이 있다. 따라서 사업 초기에 이익이 많이 난 경우에는 감가상각비를 많이 계상하는 방법으로 이익을 조절할 수도 있다.

● 감가상각 기간은 4년, 감가상각 방법은 정률법으로 하는 식이다. 예를 들어 감가상각비를 제외한 이익이 2억 원인 상황에서 투자비 1억 원에 대해 5년·정액법과 4년·정률법(상각률 0.528)으로 감가상각하는 경우 다음과 같이 이익 차이가 난다.

① 5년 정액법인 경우 : 2억 원-2,000만 원(1억 원/5년, 감가상각비)=1억 8,000만 원
② 4년 정률법인 경우 : 2억 원-(1억 원×0.528, 감가상각비)=1억 4,720만 원

①의 경우와 비교해볼 때 이익이 3,280만 원이 축소되었고 이에 대해 세율 35%(지방소득세 포함 시 38.5%)를 적용하면, 대략 1,300만 원 정도의 세금이 줄어들게 된다. 이처럼 사업 초기에 세금을 적게 내기 위해서는 조기상각이 유리하나, 정률법은 후반에 갈수록 감가상각비가 급격히 떨어지게 되므로 후반기에 오히려 세금이 더 증가한다. 따라서 정률법 등에 의한 조기상각은 비교적 사업주기가 짧은 사업에 어울린다(실무에서는 조기상각하는 경우가 많다).

Q3. 감가상각 대상 자산의 구입가격이 100만 원 이하면, 매년 감가상각을 하지 않고 구입가격 자체를 당기의 비용으로 처리할 수 있는가?

그렇다. 소액 자산에 해당하기 때문이다. 이 외 컴퓨터 등도 당기의 비용으로 처리할 수 있다.

Q4. 간이과세자 때 세금계산서를 받지 않고 인테리어 공사를 했다. 그렇다면 이에 대해서는 감가상각을 할 수 없는가?

지출 사실이 입증되면 감가상각을 할 수 있다.*

* 이때 인테리어 공사업자에 대해서는 세금추징이 발생할 수 있다.

Q5. 감가상각비 미상각금액이 남아 있는 상태에서 이를 폐기하면 손실 처리를 할 수 있는가?

그렇다.

인테리어 공사를 의뢰한 경우에는 다음과 같은 점에 유의해 세무상 문제점이 발생하지 않도록 할 필요가 있다.

첫째, 정규영수증을 받아야 한다.
여기서 정규영수증이란 세금계산서, 카드전표, 현금영수증을 말한다. 간혹 이러한 영수증 없이 거래하는 때도 있는데, 나중에 설치비 자체를 인정받지 못할 수도 있다. 참고로 이러한 정규영수증을 받을 때는 거래금액의 10%의 부가세를 부담해야 한다.

둘째, 간이 사업자는 부가세를 환급받지 못함에 유의해야 한다.
인테리어 설치 시 부담한 10%의 부가세는 환급을 받을 수 있다. 다만, 간이과세자로 사업자등록을 하면 이를 환급받지 못하므로 유의해야 한다. 일반과세자라도 사업자등록 신청이 늦으면 환급할 수 없다. 세법은 사업자등록 신청일로부터 역산해 20일 내의 부가세만 환급해주기 때문이다. 따라서 사업자등록 신청을 서두르도록 한다.

셋째, 임차 기간에 주의해 무리한 투자가 되지 않도록 한다.
인테리어는 보통 5년간 사용할 수 있으므로 이 기간을 고려해 인테리어 설치를 하는 것이 좋다. 설치 후 임대차계약 갱신에 실패하면 투자 비용을 고스란히 날릴 수 있기 때문이다.

권리금 비용 처리법과
소득세 처리법

중개업을 포함해 사업을 하는 과정에서 권리금(영업권)을 주고받는 경우가 종종 있다. 이때 권리금은 받는 사람으로서는 소득에 해당하므로 원칙적으로 세금이 부과된다. 한편 이를 지급하는 쪽에서는 앞에서 본 유형자산처럼 감가상각비로 비용 처리를 할 수 있다. 다음에서 권리금을 둘러싼 세무상 쟁점들을 알아보자.

1. 권리금과 원천징수

1) 권리금의 소득 구분

중개업 등 영위를 위해 사업장을 임차할 때 지급한 권리금은 대부분 기타소득에 해당한다(부동산 양도 시에 발생하는 권리금은 양도소득임).

기타소득인 권리금에 대한 원천징수는 권리금 지급금액에서 필요경비를 공제한 금액의 22%로 한다. 예를 들어 권리금이 5,000만 원이라면, 이의 60%인 3,000만 원은 비용으로 인정되고, 나머지 2,000만 원이 기타소득 금액이 된다. 따라서 원천징수 세액은 440만 원(이중 소득세는 400만 원, 지방소득세는 40만 원이 됨)이 된다.*

* 지급액을 기준으로는 8.8%를 적용하면 된다. 즉 5,000만 원의 8.8%를 하면 440만 원이 나온다.

2. 소득자의 소득세 정산

이 기타소득 금액이 300만 원을 초과하면 다른 소득과 합산되어 종합과세가 되며, 그 이하가 되면 분리과세 또는 종합과세 중 하나의 방식을 선택할 수 있다.

3. 적용 사례

사례를 통해 앞의 내용을 알아보자.

> **사례**
>
> 서울 마포구에서 중개업을 시작하려고 하는 김영철 씨(47세)는 점포를 알아보는 과정에서 권리금이 5,000만 원 정도 필요하다는 것을 알았다. 이 권리금은 본인이 나중에 사업을 철수하는 과정에서 회수하면 되겠지만, 이를 비용으로 처리할 수 있지 않을까 생각하고 있다. 다음 물음에 답하면?

Q1. 이 권리금은 무슨 소득에 해당하는가?

이 권리금은 세법상 기타소득에 해당한다.

Q2. 소득을 지급받은 자는 무슨 세금을 내야 하는가?

권리금에 대한 기타소득의 필요경비율은 60%이므로 5,000만 원의 40%인 2,000만 원이 기타소득 금액에 해당한다. 따라서 이에 대해서는 종합소득세로 정산해야 한다. 원천징수 세액(2,000만 원의 22%=440만 원)*은 종합소득세 신고 시 정산된다.

---

* 세법은 소득의 노출을 위해 권리금에 대한 대가를 지급하는 자에게 기타소득 금액(수입금액−수입금액×60%)의 20%(지방소득세 포함 시 22%)를 원천징수해 다음 달 10일까지 납부하도록 하고 있다(반기별 납부자는 반기 말의 다음 달 10일).

Q3. 권리금을 지급하는 김 씨는 해당 금액을 비용으로 처리할 수 있는가?

그렇다. 이는 사업과 관련된 자산(무형자산)에 해당하므로 감가상각을 할 수 있다. 예를 들어 5년 동안 정액법으로 상각한다고 하며, 매년 1,000만 원을 비용으로 처리할 수 있다.

Q4. 만일, 이 권리금에 대해서는 서로 소득 및 비용 처리를 하지 않기로 했다. 과세당국은 이 사실을 알까?

세무조사 등이 없는 한 이 부분이 수면 위로 드러나는 것이 현실적으로 힘들다. 다만, 소득 처리를 하지 않았으나 지급자가 비용 처리를 하면 추후 문제가 발생할 소지는 언제든지 있다.

Q5. 권리금에 대해 원천징수를 하면 세금계산서를 발행하지 않아도 되는가?

아니다. 개인에게 지급한 권리금은 원천징수를 하더라도 세금계산서는 별도로 발행해야 한다. 물론 둘 다 이행하지 않으면 가산세가 부과된다.

※ 권리금 세무 처리

구분		개인에 지급	법인에 지급
원천징수		22%*	없음.
세금계산서 교부(일반과세)	포괄양수도○	발행 생략 가능	좌동
	포괄양수도×	발행 의무**	발급
계산서 교부(면세사업)		발행 생략 가능***	좌동

* 불이행 시 무조건 가산세 있음.

** 세금계산서 미발행 시 가산세 있음.

*** 면세사업자는 원천징수를 하면 계산서를 발행하지 않아도 됨.

매년 12월은 한해를 결산하고 다음 해에 대한 전망 및 그에 따른 전략을 마련하는 중요한 달이다. 신규중개사무소를 포함한 모든 사업자도 마찬가지다. 다음에서는 신규개업 사무소를 중심으로 이들이 가결산대책을 어떤 식으로 수립하는 것이 좋을지 알아보자.

1. 가결산은 뭘까?

가결산은 정식결산 전에 이미 발생한 매출과 비용자료 등을 통해 당기순이익과 세금 등을 예측해보는 과정을 말한다. 이 과정을 통해 사업성과를 알 수도 있고, 세무회계 관리상 부족한 부분에 대해 필요한 조치를 할 수 있게 된다. 예를 들어, 당기순이익이 과도하면 비용을 추가하고, 재무제표 등을 분석해 다음 연도 사업계획에 반영할 수 있게 된다.

2. 가결산은 어떻게 하는 것인가?

일단 가결산은 다음과 같은 손익계산서의 형태로 진행하는 것이 좋다. 만일 계속 사업자라면 당기와 전기를 비교하는 형식으로 분석하는 것이 좋다.

구분	당기	전기	비고
매출액	×××	×××	
-비용 　인건비 　감가상각비 　차량비 　이자 비용 　기타	×××	×××	
=당기순이익	×××	×××	

앞에서 매출은 세금계산서나 신용카드(현금영수증) 등에 의해 신고된 금액을 말한다. 이러한 매출은 국세청에서 쉽게 확인할 수 있으므로 있는 그대로 신고하는 것이 원칙이다. 하지만 비용은 그렇지 않다. 비용 처리는 틀에 정해져 있는 것이 아니기 때문이다. 그렇다면 어떻게 비용을 계산해야 할까? 참고로 비용은 원칙적으로 정규영수증 등에 의해 지출되었음이 입증되어야 하나, 일용직을 포함한 인건비는 늦어도 다음 해 3월 10일까지 관할 세무서에 신고가 되어 있어야 한다.

① 인건비

직원을 고용한 경우에는 이와 관련된 인건비와 4대 보험료 중 사업자가 부담한 보험료는 비용 처리를 할 수 있다. 가족이 실제 근무한 경우라면 급여처리를 할 수 있다. 미지급된 급여 또는 추가할 급여가 있다면 다음의 기준에 맞춰 급여신고(원천세 신고)를 하면 된다.

구분	지급 시기 의제	원천징수 신고기한
20X4년 1~11월의 급여를 12월 31일까지 미지급한 경우	12월에 지급한 것으로 봄.	20X4년 1월 10일까지 원천세 신고
12월분 급여액을 다음 해 2월 말일까지 미지급한 경우	다음 해 2월 말일에 지급한 것으로 봄.	20X4년 3월 10일까지 원천세 신고

② 감가상각비

개업한 연도에 인테리어를 하거나 각종 비품을 구입한 경우에는 4~6년의 감가상각 동안 정액법(균등 상각)이나 정률법(사업 초기에 감가상각을 많이 하는 방법) 등에 따라 비용 처리를 할 수 있다. 참고로 감가상각비는 0원부터 한도액 내에서 비용 처리를 할 수 있다.

③ 기타

이 외 차량비나 기타 복리후생비, 접대비 등의 비용 처리가 가능하다. 차량비는 감가상각비와 운행비 전액을 비용으로 처리할 수 있으나, 복식부기 의무자*는 운행일지를 작성하지 않으면 연간 1,500만 원까지 비용 처리가 가능하다.

* 사업 첫해는 간편장부 대상자에 해당하므로 운행일지를 작성하지 않아도 된다.

3. 가결산 사례

아래 자료를 통해 중개사무소가 가결산하는 요령을 알아보자. 정식 결산은 소득세 확정신고 기간(다음 해 5~6월)에 하는 것이 일반적이다.

| 자료 |
· 창업일 : 20X4년 7월 1일
· 매출(7월~12월) : 2억 원
· 인테리어비 : 1억 원
· 지급수수료 : 5,000만 원
· 인건비 : 6,000만 원
· 기타비용 : 4,000만 원

Q1. 인테리어비를 제외한 당기순이익은 얼마나 되는가?

매출 2억 원에서 지급수수료와 인건비, 그리고 기타비용 등 1억 5,000만 원을 제외하면 5,000만 원이 나온다.

Q2. 앞에서 인테리어비를 5년간 균등하게 감가상각한다고 하면, 얼마를 감가상각비로 처리 가능한가?

1억 원을 5년으로 나누면 연간 2,000만 원이 된다. 그런데 창업일이 20X4년 7월 1일이므로 이 중 50%인 1,000만 원만 비용 처리를 할 수 있다. 참고로 감가상각비는 사업자의 마음대로 한도 내에서 경비 처리를 할 수 있고, 나중에 이익이 많이 나올 때 경비 처리를 할 수도 있다.

Q3. 배우자 명의로 된 차량에 대해서도 비용 처리가 가능한가?

배우자 명의로 된 차량을 직접 사업에 이용하면서 발생한 실제 경비는 비용 처리가 가능하다. 하지만 차량에 대한 감가상각비는 경비 처리할 수 없는 것이 원칙이다. 따라서 될 수 있는 대로 차량은 사업자 명의로 취득하는 것이 좋다.

Q4. 앞의 중개사무소는 사업 첫해라 영수증을 제대로 받지 못한 것들이 있다. 이러한 비용도 비용 처리를 할 수 있는가?

그렇다. 그런데 이러한 영수증을 받지 않으면 영수증 미수취에 따른 가산세(2%)가 있다. 하지만 신규사업자와 연간 4,800만 원 미만의 소규모사업자에 대해서는 이 가산세를 부과하지 않는다. 참고로 경조사비는 건당 20만 원까지는 영수증이 없더라도 비용 처리가 가능하므로 이러한 부분도 참고하자.

Q5. 본인 카드내역 중 유흥비로 쓴 것도 있다. 이 부분도 비용 처리가 가능한가?

그렇다. 사업자들은 일반적으로 연간 3,600만 원 내에서 접대비를 사용할 수 있다.

Q6. 세금예측은 어떻게 하는 것이며, 예측된 세금을 낮출 방법은 있는가?

세금예측은 앞에서 계산한 당기순이익을 기준으로 소득공제(기본공제 150만 원 등)를 적용한 과세표준에 6~45%를 적용한다. 이때 세금이 많이 나올 것으로 예상되면 다음과 같은 방안을 마련한다.

- 경비를 늘린다.→누락된 경비를 찾아내거나 인건비 등을 추가로 계상한다.
- 소득공제를 늘린다.→인적공제나 노란우산공제 등을 늘리면 과세 표준이 줄어든다.
- 세액공제를 늘린다.→자녀 세액공제나 연금계좌 세액공제 등을 늘리면 세액공제를 받을 수 있다. 이에는 고용 세액공제(1인당 최대 1,550만 원 공제), 투자 세액공제(투자 금액의 10% 이상 공제) 등도 포함되며, 향후 이월해 공제를 받을 수 있으므로 모든 사업자는 반드시 이 부분을 점검할 필요가 있다.

Q7. 20X4년 12월에 인건비를 추가할 경우, 언제까지 원천세를 신고해야 하는가?

20X4년 12월 급여의 경우 20X5년 2월 말일에 지급한 것으로 보기 때문에 20X5년 3월 10일(반기납부는 20X5년 7월 10일)까지 원천징수 내역을 신고하면 된다. 참고로 근로소득에 대한 연말정산은 다음과 같이 진행된다.

구분	연말정산 시기	신고 및 납부 기한	지급명세서 제출 기한
월별 납부자	다음 연도 2월분 근로소득 지급 시	다음 연도 3월 10일	다음 연도 3월 10일
반기별 납부자		다음 연도 7월 10일	

Q8. 사업 첫해에 실적 부진으로 손실이 예상되면 해당 금액은 소멸하는가?

아니다. 향후 15년간 소득이 발생하면 여기에서 차감시킬 수 있다. 참고로 계속 사업자가 올해 결손이 예상되는 경우, 전년도에 낸 소득세가 있다면 결손금을 소급해 공제받음으로써 전년도에 낸 소득세를 환급받을 수 있다. 예를 들어, 전년도에 이익 1억 원이 발생하고 올해 결손금 1억 원이 발생했다면 전년도의 이익과 올해의 결손금을 통산하면

이 둘의 손익은 0원이 되므로 전년도에 납부한 소득세를 환급받을 수 있게 된다는 것이다. 따라서 사업을 좀 더 영위할 때 이러한 제도로 이용해볼 수 있을 것이다.

Tip	소득세 신고유형에 따른 비용 처리법			
구분	단순경비율	기준경비율	간편장부	복식장부
실제 비용반영 여부	x	3대 비용*만 반영	○	○
받아야 할 영수증	-	정규영수증	정규영수증**+ 일반영수증	정규영수증**
영수증이 없는 경우의 대처법	-	-	장부반영 및 가산세 검토	좌동

* 인건비, 재료비, 임차료를 말함.
** 3만 원 초과한 거래는 정규영수증을 받지 않으면 가산세가 있음(단, 소규모사업자는 제외).

제7장

• • • • •

중개사무소의
종합소득세 절세법

종합소득세
계산구조의 이해

중개사무소를 포함해 사업자가 가장 관심을 가장 많이 가지는 세목은 뭐니해도 소득세다. 자신이 벌어들인 이익 중 6~45%(지방소득세 별도)를 내야 하고, 거기다 건강보험료도 내야 하기 때문이다. 따라서 이에 대한 관리는 철저히 하는 것이 좋다. 그렇다면 어떤 식으로 이를 관리하는 것이 좋을까? 다음에서 이에 대해 알아보자.

1. 세법상 개인의 소득 종류

소득법에서는 소득세를 체계적으로 과세하기 위해 소득의 종류를 아래처럼 열거하고 있다.

---

① 이자소득, 배당소득, 근로소득, 사업소득, 연금소득, 기타소득(6종)
② 양도소득, 퇴직소득, 금융 투자소득(3종)

종합소득은 이자·배당소득(금융소득), 근로소득, 사업소득, 연금소득, 기타소득을 말하며, 금융소득은 연간 2,000만 원 초과 시, 연금소득 중 사적연금소득은 수령액이 1,500만 원* 초과 시, 기타소득은 소득금액

(수입-비용)이 300만 원 초과 시 종합소득에 합산된다.

* 사적연금소득이 1,500만 원을 초과하면 15%의 세율로 분리과세를 적용받거나 종합과세로 정산할
   수도 있다.

2. 종합소득세 계산구조

사업자에게 사업소득만 있다면 이에 대한 세금만 정산하면 된다. 하
지만 사업소득 외에 근로소득, 금융소득, 연금소득, 기타소득 등이 있다
면 이들을 합산해 종합과세를 적용받게 된다. 이에 대한 세금계산구조
를 알아보면 다음과 같다.

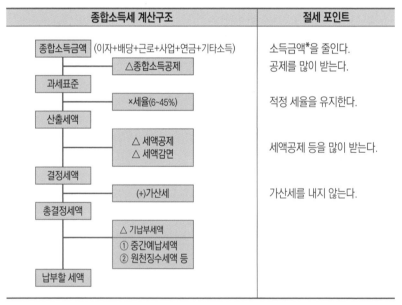

종합소득세 계산구조	절세 포인트
종합소득금액 (이자+배당+근로+사업+연금+기타소득)	소득금액*을 줄인다. 공제를 많이 받는다.
△종합소득공제	
과세표준	
×세율(6~45%)	적정 세율을 유지한다.
산출세액	
△ 세액공제 △ 세액감면	세액공제 등을 많이 받는다.
결정세액	
(+)가산세	가산세를 내지 않는다.
총결정세액	
△ 기납부세액 ① 중간예납세액 ② 원천징수세액 등	
납부할 세액	

* 소득금액을 수입금액으로 나눈 비율을 신고소득률이라고 한다. 중개업의 경우 매출의 30% 정도가
   동종업계의 평균 소득률에 해당한다.

소득세를 절세하기 위해서는 소득세가 도출되는 전반적인 과정을 이해하는
것이 중요하다. 다음에서 순차적으로 종합소득금액, 종합소득공제, 세액공제, 세
액감면 등을 알아본다.

종합소득금액
파악하는 방법

소득세 계산구조를 보면 종합소득금액이 있다. 이는 소득별로 수입에서 비용을 차감한 금액을 말하는데, 이를 어떤 식으로 계산하는지 사업소득의 경우를 가지고 알아보자.

1. 장부를 통해 작성하는 방법

사업자가 회계 처리를 통해 장부를 작성하면 어렵지 않게 다음과 같은 손익계산서를 만들 수 있다.

구분	금액	비고
매출액	xxx	
−매출원가		중개업은 매출원가가 없음.
=매출총이익	xxx	
−판매관리비 　직원급여 　임차료 　기타비용		
=영업이익	xxx	

+영업외수익 　유형 자산처분이익		
-영업외비용 　유형 자산처분손실 　이자 비용		
=소득세 차감 전 순이익	×××	
-소득세 등		
=당기순이익	×××	

　손익계산서는 당기의 수입에서 비용을 차감한 순이익이 얼마인지를 보여주는 표에 해당한다.

2. 장부작성 없이 계산하는 방법

　사업자는 장부작성을 통해 소득금액을 계산하는 것이 원칙이다. 하지만 수입금액이 얼마 안 된 사업자는 장부를 작성하지 않을 수 있다. 그렇다면 이 경우 어떤 식으로 소득금액을 계산할까? 이에 대해서는 기준경비율 또는 단순경비율 제도를 통해 소득금액을 계산한다.

1) 기준 또는 경비율 적용 대상

　이에 대해서는 제1장의 절세 탐구를 참조하기를 바란다.

2) 추계소득금액의 계산

　기준경비율 또는 단순경비율 적용 대상자의 추계소득금액은 다음과 같이 계산한다.

구분	추계소득금액 계산
① 기준경비율 적용 대상자	추계소득금액= min{①, ②} ① 수입금액 − 주요경비* − (수입금액 ×기준경비율**) 　* 주요경비 = (매입비용 + 임차료 + 인건비)의 합계금액으로 관련 영수증 　　으로 확인된 금액 　** 부동산 중개업 기준경비율 : 22.6%(단, 복식부기 의무자는 1/2를 곱함) ② [수입금액 − (수입금액 ×단순경비율*)] × 배율** 　* 배율 : 간편장부 대상자 : 2.8배, 복식부기 의무자 : 3.4배 　** 부동산 중개업 단순경비율 : 71.5%
② 단순경비율 적용 대상자	수입금액 − (수입금액 ×단순경비율)

3. 적용 사례

사례를 통해 앞의 내용을 확인해보자. K 중개사무소의 다음 자료를 보고 물음에 답하면?

> **| 자료 |**
> • 매출 : 2억 원
> • 비용 : 인건비 3,000만 원, 프리랜서 수당 3,000만 원, 임차료 1,000만 원, 광고비 1,000만 원, 기타 잡비 2,000만 원 등 총 1억 원
> • 중개업 단순경비율 71.5%, 기준경비율 22.6%

Q1. K 중개사무소의 장부작성 의무는?

신규사업자라면 간편장부, 기존사업자라면 복식장부를 작성해야 한다.

Q2. K 중개사무소가 장부를 작성하지 않으면 소득금액은 어떻게 정해야 하는가?

이 경우에는 기준경비율을 활용해 파악해야 한다. 신규사업자는 매출이 7,500만 원, 기존사업자는 2,400만 원을 넘어가면 단순경비율이 아닌 기준경비율로 소득금액을 파악해야 한다.

Q3. K 중개사무소가 기준경비율로 소득금액을 계산하면 얼마가 나오는가? 단, K 중개사무소는 간편장부 대상자라고 가정한다.

구분	금액	비고
수입금액	2억 원	
−주요 3대 비용	4,000만 원*	프리랜서 수당은 제외됨.
−기타비용	4,526만 원**	2억 원×22.6%
소득금액	1억 1,474만 원	

* 주요 3대 비용은 인건비, 재료비, 임차료를 말한다.
** 만일 K 중개사무소가 복식부기 의무자에 해당하면 기준경비율 22.6%에 1/2를 곱한 금액을 기타
  비용으로 하게 된다. 따라서 이 경우 소득금액이 1억 3,737만 원으로 증가하게 된다.

Q4. 만일 장부를 작성해서 소득금액을 파악하면 어떻게 되는가?

이 경우, 수입금액 2억 원에서 비용 1억 원을 차감하면 1억 원의 당기순이익이 나온다. 따라서 이 금액을 소득금액으로 봐도 무방하다.

Q5. 이 사례를 통해 얻을 수 있는 교훈은?

인건비나 임차료 등 주요 비용의 비중이 큰 상태에서 잡비가 별로 없는 경우에는 기준경비율이 좋을 수 있으나, 그렇지 않으면 장부작성을 통해 소득금액을 파악하는 것이 좋다. 참고로 장부를 작성하지 않으면 소규모사업자를 제외하고는 무기장 가산세가 20%로 부과됨에 유의해야 한다.

종합소득공제
적용법

사업자가 소득세를 줄이기 위해서는 일차적으로 앞에서 본 소득금액을 적절히 조절할 수 있어야 한다. 이것은 어떤 상황에서도 가장 기본이 된다. 하지만 종합소득공제와 세액공제, 그리고 세액감면도 그에 못지 않게 세금을 줄일 수 있는 요소가 된다. 다만, 그 적용요건이 다소 까다로우므로 정확한 법 적용을 통해 세금감소 효과를 얻는 것이 좋다. 먼저 종합소득공제부터 살펴보자.

1. 종합소득공제

종합소득공제는 사업자의 특수한 사정을 반영해 종합소득(근로소득, 사업소득 등)금액에서 일정액을 공제하는 제도를 말한다. 예를 들어 2명의 사업자가 똑같이 1억 원의 소득을 얻었지만 1명은 독신, 다른 1명은 가족이 있는 경우, 후자에게 소득공제액을 높여 그의 세 부담을 줄여주기 위한 취지가 있다. 그런데 이 공제에는 다양한 항목들이 있는데 근로자에게만 적용되는 것이 있고, 사업자에게도 적용되는 것들이 있다. 우선 이 제도를 요약해보자.

종합소득공제			적용 대상자
구분		내용	
인적소득 공제	기본공제	본인 및 부양가족(자녀 20세 이하) 1인당 150만 원	사업자/ 근로자
	추가공제	· 경로우대공제 70세 이상 : 100만 원 · 장애인 공제 : 200만 원 · 맞벌이 부녀자 공제 : 50만 원	
연금보험료 공제		국민연금 등 공적연금의 납입액 전액	
특별소득 공제	건강·고용 보험료	전액 소득공제(사업자는 필요경비)	근로자
	주택자금 공제	· 주택마련저축이나 임차 차입금 상환, 장기 주택 저당 차입금 이자 · 한도 : 600~2,000만 원 🔁 월세는 세액공제로 적용함.	
조특법상 소득공제	신용카드 소득공제	· 신용카드 사용금액이 연봉의 25%를 초과해야 함. · 한도 : 300만 원과 총급여액의 20% 중 적은 금액	근로자
	노란우산 공제	· 중소기업협동조합법상의 소기업·소상공인을 대상 · 연간 납입액의 200~500만 원을 한도로 100% 공제	사업자
	벤처 투자 소득공제	· 벤처기업 등에 투자 시 · 투자 금액의 10~100% 소득공제(종합소득금액의 50% 한도)	근로자/ 사업자

① 기본공제

기본공제는 사업자 본인과 배우자, 그리고 부양가족 1명당 150만 원
을 공제하는 것을 말한다. 4인 식구라면 모두 600만 원의 공제 혜택을
누릴 수 있다. 다만, 자녀의 경우 만 20세 이하에 해당해야 한다. 한편
부부가 맞벌이를 하는 경우에는 배우자의 소득금액이 100만 원 이하
에 해당해야 기본공제 대상자가 된다. 여기서 소득금액은 수입에서 비
용을 차감한 금액을 말하며, 근로소득자의 경우, 연봉이 500만 원에 미
달하면 이 금액이 된다. 이 외 장인이나 장모에 대한 기본공제를 사위가
받는 것도 가능하다. 이러한 공제를 받을 때는 다른 형제자매들은 받지

않아야 한다.

② 추가공제

앞의 기본공제 대상자 중에 경로 우대자와 장애인, 맞벌이 여성 등이 있으면 추가로 50~200만 원을 공제한다. 여기서 경로우대자는 70세 이상을 말하며, 1인당 100만 원을 소득공제한다. 한편 장애인은 1인당 200만 원을 추가하며, 맞벌이 여성은 소득금액 3,000만 원 이하일 때에만 50만 원을 공제한다.

③ 기타공제

이 외 종합소득공제에는 국민연금보험료와 노란우산공제 등이 있다. 국민연금보험료는 전액 공제되며, 사업자들만 가입할 수 있는 노란우산공제는 가입금액 중 200~500만 원 사이에서 소득공제가 된다. 한편 사업자가 납부한 건강보험료는 소득공제가 아닌 장부 처리를 할 때 비용으로 계상한다. 이 외에도 벤처기업 등에 투자하는 경우 투자 금액의 10~100%(단, 종합소득금액의 50% 한다)까지 소득에서 공제한다.

2. 적용 사례

사례를 통해 앞의 내용을 확인해보자. K 중개사무소의 자료를 보고 물음에 답하면?

| 자료 |
- 사업수입금액 : 5억 원
- 필요경비 : 4억 원
- 신용카드 사용금액 : 5,000만 원
- 본인, 배우자, 20세 이하 자녀 2명
- 배우자는 근로소득이 연간 500만 원이 있음.

Q1. 기본공제액은 얼마인가?

기본공제는 본인과 배우자, 20세 이하 자녀 2명 등 총 4명에 대해 150만 원씩 적용하면 600만 원이 된다.

Q2. 배우자는 근로소득이 있음에도 불구하고 기본공제 대상자가 되는가?

거주자와 생계를 같이 하는 부양가족이 해당 거주자의 기본공제 대상자가 되기 위해서는 해당 부양가족의 연간 소득금액 합계액이 100만 원 이하인 자 또는 총급여액 500만 원 이하의 근로소득만 있는 부양가족에 해당해야 한다. 사례의 경우에는 이 조건에 부합한다(소득세 집행기준 50-0-2).

Q3. 사례자는 신용카드에 대한 소득공제는 받을 수 없는가?

그렇다. 사업자는 필요경비로 처리하기 때문이다.

Q4. 사례의 과세표준과 산출세액은?

구분	금액	비고
수입금액	5억 원	
−필요경비	4억 원	
=이익	1억 원	
−종합소득공제	600만 원	
=과세표준	9,400만 원	
×세율	35%	
−누진공제	1,544만 원	
=산출세액	1,746만 원	지방소득세 별도

세액공제
적용법

중개사무소를 포함해 사업자가 세금을 줄이기 위해서는 세액공제 제도를 중요하게 여길 필요가 있다. 사업자가 투자나 고용 등을 늘리는 경우, 다양한 세제 혜택이 주어지기 때문이다. 그런데 일부 중개사무소의 경우, 비용 처리에만 매몰되다 보니 이러한 공제를 놓치는 경우가 많다. 참고하기를 바란다.

1. 세액공제 개관

세액공제는 소득세 산출세액에서 일정한 금액을 차감하는 제도다. 조세 정책적인 목적으로 투자나 지출 등을 장려하기 위해 특별히 세금을 줄여준다. 일단 이에 관한 내용을 요약하면 다음과 같다.

세액공제			적용 대상자
구분		**내용**	
자녀 세액공제		자녀 1명 15만 원, 2명 35만 원, 3명 65만 원 등	사업자/ 근로자
특별 세액공제	보험료 세액공제	· 아래 한도 내 보험료의 12%를 세액공제 　-생명·손해 보험료 : 100만 원 　-장애인 전용 보장성 보험료 : 100만 원	근로자
	교육비 세액공제	· 아래 한도 내 보험료의 15%를 세액공제 　-본인 : 대학원 학비까지 전액 　-유치원·초중고 : 300만 원 　-대학생 : 900만 원	근로자/ 성실신고 사업자
	의료비 세액공제	· 아래 한도 내 보험료의 15%를 세액공제(단, 총급여 액의 3% 초과해 지출) 　-700만 원(본인, 6세 이하 영유아 등은 한도 없음)	
	기부금 세액공제*	· 아래 한도 내 보험료의 15%(3,000만 원 초과분은 30%)를 세액공제 　-국가 등 : 전액 공제 　-종교단체 등에 기부 : 근로소득금액의 10~30% 　공제	근로자
연금계좌 세액공제		600~900만 원 한도 내에서 지출액의 12~15%를 세 액공제	근로자/ 사업자
월세 세액공제		월세 지출액의 15~17% 세액공제(1,000만 원 한도)	근로자/ 성실신고 사업자
기장 세액공제		간편장부 대상자가 복식장부를 작성한 경우 100만 원 한도 내에서 세액공제	사업자
조특법상 세액공제		· 통합 투자 세액공제 : 10% 이상 · 통합 고용 세액공제 : 최고 1,550만 원 · 연구개발비 세액공제 등	사업자

* 성실신고확인서를 제출해 종합소득세 신고를 하는 성실신고사업자는 의료비와 교육비 세액공제 적
용이 가능하다. 다만, 기부금은 지출한 연도에 필요경비에 산입해야 한다.

2. 주요 공제

앞의 내용 중 주요 내용만 대략 살펴보자.

1) 자녀 세액공제

사업자의 기본대상자인 자녀 중 8세 이상인 자녀가 1명 있는 경우에는 15만 원, 2명 있는 경우에는 35만 원, 3명 이상이 경우에는 35만 원과 2명을 초과하는 1명당 30만 원을 합한 금액을 세액에서 공제한다. 참고로 출산이나 입양한 자녀가 있는 경우에는 자녀의 수에 따라 30~70만 원을 추가로 세액에서 공제한다.

2) 특별세액공제

원래 의료비나 교육비 세액공제는 근로자에게 적용하나 성실신고사업자들도 이에 대한 공제를 받을 수 있다(의료비는 지출액의 10~30%, 교육비는 한도 내 지출액의 15% 공제). 한편 이 외에 월세는 한도 내 지출액의 15~17%, 연금저축에 가입한 경우, 한도 내 지출액의 12~15%를 공제한다. 세부적인 내용은 조특법(제122조의 3), 소득법(제59조의 3 등)을 참조하기를 바란다.

3) 연금계좌 세액공제

사업자가 노후 대비를 위해 연금저축에 가입한 경우, 납부한 금액의 100%를 600~900만 원 한도 내에서 12~15%만큼 세액공제를 적용한다.

4) 기장 세액공제

간편장부 대상자가 복식부기로 기장을 해서 소득세를 신고하면 산출세액의 20%를 100만 원 한도 내에서 세액공제를 적용한다. 여기 간편장부 대상자란, 업종별로 전년도 매출액이 도소매업 등 3억 원, 음식업 등 1.5억 원, 부동산 중개업·서비스업 등 7,500만 원에 미달하는 사업자를 말한다.

5) 통합 고용 세액공제

고용은 국가 입장에서 매우 중요한 덕목이다. 세법은 이러한 기조를 지원하기 위해 고용을 늘리는 기업에 파격적인 세제지원을 해주고 있다. 대표적인 것이 바로 고용증대 세액공제(매년 1인당 1,550만 원 등을 지원)가 있다.

구분	공제액 (단위:만 원)			
	중소(3년 지원)		중견	대기업
	수도권	지방	(3년 지원)	(2년 지원)
상시근로자*	850	950	450	–
청년 정규직(34세 이하), 장애인, 60세 이상, 경력단절 여성 등	1,450	1,550	800	400

* 상시근로자는 정규직을 말하며 아래는 제외된다.
· 계약 기간 1년 미만 근로자(총 기간이 1년 이상인 경우는 제외)
· 단기간 근로자(단, 1개월 소정근로시간이 60시간인 자는 제외)
· 대표자(최대주주)와 배우자, 직계존비속과 친족 관계인 등

Tip	부동산 중개업과 중소기업 특별세액감면 등

중소기업이 제조업 등을 영위하면 소득세 또는 법인세의 5~30%를 감면받거나, 창업기업이 중소기업에 해당하면 50~100% 감면받을 수 있다. 그런데 부동산 중개업은 중소기업의 업종에는 해당하나, 이러한 감면규정에는 빠져 있어 감면이 적용되지 않는다(제1장 참조).

소득세를 신고하는
2가지 방법

앞에서 본 내용을 바탕으로 실전에서 소득세를 신고하는 방법에 대해 알아보자. 소득세를 신고하는 방법은 크게 2가지가 있다. 하나는 장부를 작성해서 신고하는 방법이고, 다른 하나는 경비율을 이용하는 방법이다. 모든 사업자는 이 2가지 방법 중 자신에게 맞는 방법을 취할 수 있다. 다만, 경비율을 사용하면 무기장 가산세가 발생할 수 있음에 유의해야 한다.

1. 소득세 신고 방법의 틀

실무적으로 소득세를 신고할 수 있는 조합은 다음과 같다. 참고로 조합을 선택할 때는 먼저 장부작성 의무를 파악하고 그다음 적용되는 경비율을 확인한다. 이때 주의할 것은 복식부기 의무자로서 기준경비율을 적용할 때는 기준경비율의 1/2만 기타비용으로 인정된다는 것이다. 또 무기장 가산세가 20% 발생할 수 있다는 점에도 주의해야 한다.

구분	장부작성을 통해 신고하는 경우		장부를 작성하지 않고 신고하는 경우	
	간편장부	복식장부	단순경비율	기준경비율
수입금액	×××	×××	×××	×××
-필요경비	장부상의 비용		수입금액×단순경비율	영수증(임차료, 매입경비, 인건비)+수입금액×기준경비율
=소득금액	×××	×××	×××	×××
-종합소득공제				
=과세표준	×××	×××	×××	×××
×세율				
=산출세액	×××	×××	×××	×××
-세액공제				
-세액감면	적용됨.		적용되지 않음.	
+무기장 가산세	없음.		적용될 가능성 큼.*	
=결정세액	×××	×××	×××	×××
-기납부세액				
=납부할 세액	×××	×××	×××	×××

* 소규모사업자(신규사업자, 4,800만 원 미만 사업자 등)는 무기장 가산세가 없다.

앞의 모형을 보면 장부나 경비율 제도 등은 주로 수입금액에서 차감되는 비용을 어떤 식으로 산출할 것인가와 관계가 있다.

- 장부작성→장부를 통해 비용을 계상하는 방법이다.
- 장부미작성→정부에서 정한 경비율로 비용을 계산하는 방법이다.

2. 신고 절차 검토

부동산 중개업 등을 영위하는 모든 사업자는 본인에게 맞는 소득세 신고 방법을 정할 필요가 있다. 이때 다음과 같은 절차에 따른다. 중개업의 예를 들어보자.

구분	내용	비고
장부작성 유형 파악	· 신규→간편장부 · 기존 전년도 매출 7,500만 원 이상→복식장부	간편장부 의무자는 복식장부로 신고 가능

▼

| 경비율 유형 파악 | · 신규 7,500만 원 미만→단순경비율
· 기존 전년도 매출 2,400만 원 이상→기준경비율 | 무기장 가산세 20%(단, 소규모사업자는 제외) |

▼

| 신고 방법의 결정 | 선택 가능한 대안들에 대한 산출세액을 계산해 의사결정 | 구체적인 숫자로 결정* |

* 이에 대해서는 다음에서 사례를 통해 알아보자.

3. 적용 사례

사례를 통해 앞의 내용을 확인해보자.

Q1. 중개사무소의 매출이 4,800만 원에 미달하는 경우, 장부작성 의무와 무기장 시 적용되는 경비율 유형은?

간편장부 대상자이며, 무기장* 시에는 단순경비율(개업 연도), 기준경비율(개업 후 연도) 모두 적용될 수 있다.

* 소규모사업자에 해당하기 때문에 무기장 가산세는 없다.

Q2. 중개사무소의 매출이 7,500만 원 이상인 경우, 장부작성 의무와 무기장 시 적용되는 경비율 유형은?

간편장부 대상자(개업 연도) 또는 복식장부 의무자(개업 후 연도) 대상자이며, 무기장* 시에는 기준경비율(개업 연도 포함)이 적용된다.

* 소규모사업자에 해당하면 무기장 가산세가 부과되지 않는다. 신규사업자는 소규모사업자에 해당한다.

Q3. 중개사무소의 매출이 5억 원 이상인 경우 장부작성 의무와 성실신고확인 제도가 적용되는지는?

간편장부 대상자(개업 연도) 또는 복식장부 의무자(개업 후 연도) 대상자이며, 당해 연도의 매출액이 5억 원 이상이 되면 성실신고확인 제도가 적용된다.

Tip	중개업 매출 수준에 따른 소득세 신고전략 요약			
구분	장부작성의무	경비율	무기장 가산세	신고전략
4,800만 원 미만	간편	개업 연도 : 단순 개업 이후 : 기준 (2,400만 원↑)	없음.	가급적 단순 경비율 신고
7,500만 원 미만			있음(개업 연도 는 면제).	기준 대 장부 비교 선택
5억 원 이하	복식	기준*	있음(20%).	장부 기반 신고
5억 원 초과				

* 복식부기 의무자는 기준경비율의 1/2 적용

매출 4,800만 원 미만일 때
소득세 신고법

이제 구체적으로 중개사무소가 소득세를 어떤 식으로 신고할 것인지를 알아보자. 그런데 소득세는 매출 수준별로 장부작성 의무가 달라지고 경비율 유형도 달라진다. 또한, 무기장에 따른 가산세가 면제되는 때도 있고 부과되는 때도 있다. 그래서 중개사무소의 매출 수준별로 소득세 신고 방법을 정리할 필요가 있다. 먼저, 전년도(예 : 2024년 1월 1일~12월 31일)의 매출액이 4,800만 원에 미달한 경우부터 살펴보자.

1. 매출 4,800만 원 미만 중개사무소에 적용되는 제도

전년도 매출액이 4,800만 원에 미달하는 사업자들에게 어떤 제도들이 적용되는지 간략히 정리해보자.

1) 부가법
- 부가법상 간이과세자에 해당한다.
- 이들은 보통 부가세 납부 의무가 면제된다.

2) 소득법

중개업으로 매출액이 4,800만 원에 미달하는 경우에 소득법에서 적용되는 제도를 알아보자.

구분	신규사업자	기존사업자
장부작성 의무*	간편장부	간편장부(전년도 매출액 7,500만 원 미만)
무기장 가산세**	없음.	없음(전년도 매출액 4,800만 원 미만).
경비율 유형***	단순경비율(7,500만 원 미만)	단순경비율 또는 기준경비율 (단순경비율 : 2,400만 원 미만) (기준경비율 : 2,400만 원 이상)

* 중개업의 경우 신규사업자와 기존사업자 중 7,500만 원에 미달하면 간편장부 대상자에 해당한다.
** 신규사업자와 기존사업자 중 전년도 매출액이 4,800만 원에 미달하면 소규모사업자에 해당하므로 장부를 작성하지 않더라도 무기장 가산세가 부과되지 않는다.
*** 장부를 작성하지 않으면 경비율 제도를 적용한다.
　-신규사업자로서 1년간의 매출액 7,500만 원에 미달 시 : 단순경비율
　-기존사업자로서 1년간의 매출액이 2,400만 원 미달 시 : 단순경비율

참고로 단순경비율 적용 대상인 사업자는 정부에서 소득세 신고를 간편하게 할 수 있는 제도(모두 채움 서비스)를 운영하고 있으나, 이 제도가 본인의 세금을 가장 낮게 내도록 보장하는 것은 아님에 유의할 필요가 있다. 즉, 신고만 간편하게 할 수 있도록 하는 것이지 최적의 세금을 알려주는 것은 아니라는 것을 의미한다. 결국, 최적의 소득세를 산출을 위해서는 본인 스스로가 노력할 필요가 있다.

2. 적용 사례

사례를 통해 앞의 내용을 정리해보자. K 중개사무소는 다음과 같은 매출을 얻었다. 물음에 답하면?

| 자료 |

- 20X4년 매출 4,500만 원(납부한 부가세는 없음)
- 20X4년 비용 2,000만 원(임차료 1,000만 원, 나머지는 잡비임)
- 중개업 단순경비율 70%, 기준경비율 20%로 가정함.
- 종합소득공제 500만 원

Q1. K 중개사무소의 소득세 신고는 어떻게 할 수 있는가?

간편장부나 복식장부 또는 경비율 제도 중 유리한 것을 선택해서 신고할 수 있다.

먼저, 앞의 자료를 통해 소득세를 계산해보자.

구분	장부작성을 통해 신고하는 경우		장부를 작성하지 않고 신고하는 경우	
	간편장부	복식장부	단순경비(70%)	기준경비(20%)
수입금액	4,500만 원	4,500만 원	4,500만 원	4,500만 원
-비용	2,000만 원	2,000만 원	3,150만 원*	1,900만 원**
=소득금액	2,500만 원	2,500만 원	1,350만 원	2,600만 원
-종합소득공제	500만 원	500만 원	500만 원	500만 원
=과세표준	2,000만 원	2,000만 원	850만 원	2,100만 원
×세율	15%	15%	6%	15%
-누진공제	126만 원	126만 원	-	126만 원
=산출세액	174만 원	174만 원	51만 원	189만 원
-세액공제	-	34만 원***	-	-
-세액감면	-	-	-	-
+무기장 가산세	-	-	-****	-****
=결정세액	174만 원	140만 원	51만 원	189만 원
-기납부세액	-	-	-	-
=납부할 세액	174만 원	140만 원	51만 원	189만 원

* 수입금액 4,500만 원×단순경비율 70%=3,150만 원

** 주요 비용인 임차료 1,000만 원+ 수입금액 4,500만 원×기준경비율 20%=1,900만 원

*** 기장 세액공제(간편장부 대상자가 복식장부작성 시 20%, 100만 원 한도)=174만 원×20%=34만 원

**** 소규모사업자(신규사업자, 4,800만 원 미달 사업자)에 해당하면 무기장 가산세는 면제됨.

이렇게 보면 '단순경비율<복식장부<간편장부<기준경비율' 순으로 세금이 증가하게 된다. 물론 이러한 순서는 주어진 요건에 따라 달라질 수 있다.

Q2. 20X4년에 중개사무소를 개설했다고 하자. 이때, 장부로 작성하는 경우와 경비율 제도를 이용하는 경우의 총 부담세액을 비교하면? 그리고 이때의 신고 방법은?

20X4년 등록 개설한 중개사무소로 20X4년의 매출액이 4,500만 원이라면 장부는 간편 또는 복식 모두가 적용되며, 이 경우에는 단순경비율을 적용받을 수 있다.

구분	장부작성을 통해 신고하는 경우		장부를 작성하지 않고 신고하는 경우	
	간편장부	복식장부	단순경비(70%)	기준경비(20%)
납부할 세액	174만 원	140만 원	51만 원	-

앞의 결과를 보면 단순경비율로 신고하는 것이 가장 세금이 낮게 도출되었다. 따라서 개업한 연도로서 매출액이 7,500만 원에 미달한 중개사무소는 단순경비율로 신고하는 것이 세금을 줄일 방법이 될 수 있다.

Q3. 20X3년에 중개사무소를 개설했다고 하자. 이때, 장부로 작성하는 경우와 경비율 제도를 이용하는 경우의 총 부담세액을 비교하면? 그리고 이때의 신고 방법은?

20X3년 등록 개설한 중개사무소는 기존사업자에 해당한다. 따라서 20X4년의 매출액이 4,500만 원이라면 장부는 간편 또는 복식 모두가 적용되나, 경비율 제도는 기준경비율을 적용해야 한다. 전년도 매출액이 2,400만 원을 넘어서기 때문이다.

구분	장부작성을 통해 신고하는 경우		장부를 작성하지 않고 신고하는 경우	
	간편장부	복식장부	단순경비(70%)	기준경비(20%)
납부할 세액	174만 원	140만 원	-	189만 원

앞의 결과를 보면 복식장부로 신고하는 것이 가장 세금이 낮게 도출 되었다. 하지만 여기에는 복병이 하나 숨어 있다. '중개사무소가 복식장 부로 신고할 준비가 되어 있는가'이다. 이를 할 수 없다면 외부의 세무 회계사무소를 이용할 텐데 이때 기장료 등이 발생하기 때문이다. 따라 서 이때에는 다음과 같은 식으로 의사결정을 할 것으로 예상한다.

- 부담하는 세금+기장료>기준경비율에 의한 세금→기준경비율로 신고
- 부담하는 세금+기장료<기준경비율에 의한 세금→복식장부로 신고

매출 7,500만 원 미만일 때
소득세 신고법

다음으로 중개업의 전년도 매출액이 7,500만 원 미만인 경우의 소득세 신고 방법을 알아보자. 이러한 매출은 중개업의 장부작성 의무와 관련이 높다. 이 금액 이상이 되면 간편장부에서 복식장부로 장부 유형이 달라지기 때문이다.

1. 매출 7,500만 원 미만 중개사무소에 적용되는 제도

전년도 매출액이 7,500만 원에 미달하는 사업자들에게 어떤 제도들이 적용되는지 간략히 정리해보자.

1) 부가법

- 부가법상 간이과세자에 해당한다. 참고로 연간 공급대가가 4,800~8,000만 원 미만인 간이과세자는 원칙적으로 세금계산서를 발행해야 함은 앞에서 살펴보았다.
- 이들은 4,800만 원 미만의 간이과세자와는 달리 부가세 납부 의무가 있다.

2) 소득법

중개업으로 매출액이 7,500만 원에 미달한 경우에 소득법에서 적용되는 제도를 알아보자.

구분	신규사업자	기존사업자
장부작성 의무*	간편장부	간편장부(전년도 매출액 7,500만 원 미만)
무기장 가산세**	없음.	있음(전년도 매출액 4,800만 원 이상 시).
경비율 유형***	단순경비율(7,500만 원 미만)	단순경비율 또는 기준경비율 (단순경비율 : 2,400만 원 미만) (기준경비율 : 2,400만 원 이상)

* 중개업의 경우 신규사업자이거나 전년도 매출액이 7,500만 원에 미달하면 간편장부 대상자에 해당한다.

** 이때 소규모사업자에 해당하면 장부를 작성하지 않더라도 무기장 가산세가 부과되지 않는다. 따라서 기존사업자 중 4,800만 원 이상 매출이 발생한 사업자는 무기장 가산세가 부과된다.

*** 장부를 작성하지 않으면 경비율 제도를 적용한다.
　－신규사업자로서 1년간의 매출액 7,500만 원에 미달 시 : 단순경비율
　－기존사업자로서 1년간의 매출액이 2,400만 원 이상 시 : 기준경비율

2. 적용 사례

사례를 통해 앞의 내용을 정리해보자. K 중개사무소는 다음과 같은 매출을 얻었다. 물음에 답하면?

| 자료 |
- 20X4년 매출 7,000만 원
- 20X4년 비용 3,500만 원(임차료 1,000만 원, 나머지는 잡비임)
- 중개업 단순경비율 70%, 기준경비율 20%로 가정함.
- 종합소득공제 500만 원

Q1. K 중개사무소의 소득세 신고는 어떻게 할 수 있는가?

간편장부나 복식장부 또는 경비율 제도 중 유리한 것을 선택해 신고할 수 있다.

일단 앞의 자료를 통해 소득세를 계산해보자.

구분	장부작성을 통해 신고하는 경우		장부를 작성하지 않고 신고하는 경우	
	간편장부	복식장부	단순경비율(70%)	기준경비율(20%)
수입금액	7,000만 원	7,000만 원	7,000만 원	7,000만 원
−비용	3,500만 원	3,500만 원	4,900만 원	2,400만 원
=소득금액	3,500만 원	3,500만 원	2,100만 원	4,600만 원
−종합소득공제	500만 원	500만 원	500만 원	500만 원
=과세표준	3,000만 원	3,000만 원	1,600만 원	4,100만 원
×세율	15%	15%	15%	15%
−누진공제	126만 원	126만 원	126만 원	126만 원
=산출세액	324만 원	324만 원	114만 원	489만 원
−세액공제	−	64만 원*	−	−
−세액감면	−	−	−	−
+무기장 가산세	−	−	−**	97만 원***
=결정세액	324만 원	260만 원	114만 원	586만 원
−기납부세액	−	−	−	−
=납부할 세액	324만 원	260만 원	114만 원	586만 원

* 간편장부 대상자가 복식장부를 작성하면 20%(한도 100만 원)의 기장 세액공제를 적용함.
** 소규모사업자(신규사업자, 4,800만 원 미달 사업자)에 해당하면 무기장 가산세는 면제됨.
*** 소규모사업자에 미해당하므로 20%의 무기장 가산세가 부과됨.

이렇게 보면 '단순경비율<복식장부<간편장부<기준경비율' 순으로 세금이 증가하게 된다. 물론 이러한 순서는 주어진 요건에 따라 달라질 수 있다.

Q2. 20X4년에 중개사무소를 개설했다고 하자. 이때, 장부로 작성하는 경우와 경비율 제도를 이용하는 경우의 총 부담세액을 비교하면? 그리고 이때의 신고 방법은?

20X4년 등록 개설한 중개사무소로 20X4년의 매출액이 7,000만 원이라면 장부는 간편 또는 복식 모두가 적용되며, 이 경우에는 단순경비율을 적용받을 수 있다.

구분	장부작성을 통해 신고하는 경우		장부를 작성하지 않고 신고하는 경우	
	간편장부	복식장부	단순경비율(70%)	기준경비율(20%)
납부할 세액	324만 원	260만 원	114만 원	–

앞의 결과를 보면 단순경비율로 신고하는 것이 가장 세금이 낮게 도출되었다. 따라서 개업한 연도로서 매출액이 7,500만 원에 미달한 중개사무소는 단순경비율로 신고하는 것이 세금을 줄일 방법이 될 수 있다.

Q3. 20X3년에 중개사무소를 개설했다고 하자. 이때, 장부로 작성하는 경우와 경비율 제도를 이용하는 경우의 총 부담세액을 비교하면? 그리고 이때의 신고 방법은?

20X3년 등록 개설한 중개사무소는 기존사업자에 해당한다. 따라서 20X4년의 매출액이 7,000만 원이라면 장부는 간편 또는 복식 모두가 적용되나, 경비율 제도는 기준경비율을 적용해야 한다. 전년도 매출액이 2,400만 원을 넘어서기 때문이다.

구분	장부작성을 통해 신고하는 경우		장부를 작성하지 않고 신고하는 경우	
	간편장부	복식장부	단순경비율(70%)	기준경비율(20%)
납부할 세액	324만 원	260만 원	–	586만 원

앞의 결과를 보면 복식장부로 신고하는 것이 가장 세금이 낮게 도출되었다. 하지만 여기에도 복병이 하나 숨어 있다. 중개사무소가 외부의 세무회계사무소를 이용할 텐데 이때 기장료 등이 발생하기 때문이다. 따라서 이때에는 다음과 같은 식으로 의사결정을 할 것으로 예상한다.

- 부담하는 세금+기장료>기준경비율에 의한 세금→기준경비율로 신고
- 부담하는 세금+기장료<기준경비율에 의한 세금→복식장부로 신고

👉 사례의 경우 기준경비율은 586만 원, 복식장부는 260만 원의 세금이 예상되므로 그 차액인 326만 원 내에서 기장료를 지불하는 의사결정을 하게 될 가능성이 크다. 이러한 원리를 다음에서도 적용된다.

매출 7,500만 원 이상인 중개사무소의
소득세 신고법

다음으로 중개업의 전년도 매출액이 7,500만 원 이상인 경우의 소득세 신고 방법을 알아보자. 이러한 매출 수준은 중개업의 경우 장부작성 의무가 복식장부로 바뀌게 되고 이에 따라 다양한 규제장치가 도입된다. 따라서 이에 해당하는 사무소는 세무관리에 특별한 관심을 둘 필요가 있다.

1. 매출 7,500만 원 이상인 중개사무소에 적용되는 제도들

전년도 매출액이 7,500만 원 이상인 사업자들에게 어떤 제도들이 적용되는지 간략히 정리해보자.

1) 부가법

부가법상 일반과세자(단, 8,000만 원 미만은 간이과세자)에 해당한다.

2) 소득법

중개업으로 매출액이 7,500만 원 이상인 경우에 소득법에서 적용되는 제도를 알아보자.

구분	신규사업자	기존사업자
장부작성 의무*	간편장부	복식장부(전년도 매출액 7,500만 원 이상)
무기장 가산세**	없음.	있음(전년도 매출액 4,800만 원 이상 시).
경비율 유형***	기준경비율(7,500만 원 이상)	기준경비율(기준경비율 : 2,400만 원 이상)

* 중개업의 경우 7,500만 원 이상이면 복식장부 대상자에 해당한다. 다만, 신규사업자는 매출과 관계 없이 간편장부 대상자에 해당한다.

** 이들은 소규모사업자에 해당하지 않으므로 무기장 시 20%의 가산세가 부과된다.

*** 장부를 작성하지 않으면 경비율 제도를 적용한다.

  -신규사업자로서 1년간의 매출액 7,500만 원 이상 시 : 기준경비율

  -기존사업자로서 1년간의 매출액이 2,400만 원 이상 시 : 기준경비율

2. 적용 사례

사례를 통해 앞의 내용을 정리해보자. K 중개사무소는 다음과 같은 매출을 얻었다. 물음에 답하면?

| 자료 |

• 20X4년 매출 2억 원

• 20X4년 비용 9,000만 원(임차료 2,000만 원, 인건비 5,000만 원, 나머지는 잡비임)

• 중개업 단순경비율 70%, 기준경비율 20%(복식부기 의무자는 1/2로 축소되어 10%가 적용됨) 가정함.

• 종합소득공제 1,000만 원

Q1. K 중개사무소의 소득세 신고는 어떻게 할 수 있는가?

간편장부나 복식장부 또는 경비율 제도 중 유리한 것을 선택해 신고할 수 있다.

일단 앞의 자료를 통해 소득세를 계산해보자. 단, 무기장 가산세는 적용하지 않는 한편, 세액공제는 기장 세액공제 외 고용 세액공제 등은 반영하지 않는다.

구분	장부작성을 통해 신고하는 경우		장부를 작성하지 않고 신고하는 경우	
	간편장부	복식장부	단순경비율 (70%)	기준경비율 (20%)
수입금액	2억 원	2억 원		2억 원
−비용	9,000만 원	9,000만 원		1억 1,000만 원**
=소득금액	1억 1,000만 원	1억 1,000만 원		9,000만 원
−종합소득공제	1,000만 원	1,000만 원		1,000만 원
=과세표준	1억 원	1억 원		8,000만 원
×세율	35%	35%		24%
−누진공제	1,544만 원	1,544만 원	적용 불가	576만 원
=산출세액	1,956만 원	1,956만 원		1,344만 원
−기장 세액공제	−	100만 원*		−
−세액감면	−	−		
+무기장 가산세	−	−		268만 원
=결정세액	1,956만 원	1,856만 원		1,344만 원
−기납부세액	−	−		−
=납부할 세액	1,956만 원	1,856만 원		1,344만 원

* 간편장부 대상자가 복식장부를 적용할 때 기장 세액공제가 최고 100만 원 적용됨.

** 주요 비용 임차료+인건비+수입금액×20%=1억 1,000만 원

이렇게 보면 '기준경비율<복식장부<간편장부' 순으로 세금이 증가하게 된다. 물론 이러한 순서는 주어진 요건에 따라 달라질 수 있다.

Q2. 20X4년에 중개사무소를 개설했다고 하자. 이때, 장부로 작성하는 경우와 경비율 제도를 이용하는 경우의 총 부담세액을 비교하면? 그리고 이때의 신고 방법은?

20X4년 등록 개설한 중개사무소로 20X4년의 매출액이 2억 원이라면 장부는 간편장부 대상자가 되나 매출액이 복식부기 의무자 수준이되므로, 이 경우에는 단순경비율을 적용받을 수 없고, 기준경비율로 신

고해야 한다.

구분	장부작성을 통해 신고하는 경우		장부를 작성하지 않고 신고하는 경우	
	간편장부	복식장부	단순경비율(70%)	기준경비율(20%)
납부할 세액	1,956만 원	1,856만 원	–	1,344만 원*

* 신규사업자는 소규모사업자에 해당하므로 장부미작성 시 무기장 가산세를 부과하지 않는다.

앞의 결과를 보면 기준경비율로 신고하는 것이 가장 세금이 낮게 도출되었다. 그렇다면 기준경비율로 신고하는 것이 맞는 것일까? 아니다. 여기에서 검토할 것이 있다. 그것은 바로 다름 아닌 통합 고용 세액공제다. 이는 수도권 내외에서 고용을 증대시키면 3년 동안 매년 1인당 1,550만 원까지 세액공제를 적용한다. 다만, 이 공제를 적용받기 위해서는 장부를 작성해야 한다(조특법 제128조 제1항 참조). 만일 1,550만 원(농특세 20%를 공제하면 1,240만 원)을 받을 수 있다고 하면 다음과 같은 결과를 얻을 수 있다. 기타 사항은 무시하기로 한다.

구분	장부작성을 통해 신고하는 경우		장부를 작성하지 않고 신고하는 경우	
	간편장부	복식장부	단순경비율(70%)	기준경비율(20%)
납부할 세액	1,956만 원	1,856만 원	–	1,344만 원
-고용 세액공제	1,240만 원	1,240만 원	–	–
차감 계	716만 원	616만 원		1,344만 원

Q3. 20X3년에 중개사무소를 개설했다고 하자. 이때, 장부로 작성하는 경우와 경비율 제도를 이용하는 경우의 총 부담세액을 비교하면? 그리고 이때의 신고 방법은?

20X3년 등록 개설한 중개사무소는 기존사업자에 해당한다. 따라서 20X4년의 매출액이 2억 원이라면 장부는 복식장부로 작성해야 하며,

경비율 제도는 기준경비율을 적용해야 한다. 전년도 매출액이 2,400만 원을 넘어서기 때문이다.

구분	장부작성을 통해 신고하는 경우		장부를 작성하지 않고 신고하는 경우	
	간편장부	복식장부	단순경비율(70%)	기준경비율(20%)
납부할 세액	–	1,856만 원	–	2,347만 원*

* 이는 다음과 같이 계산되었다.
- 소득금액 : 수입금액-(주요 비용 임차료+인건비+수입금액×20%×1/2)=2억 원-9,000만 원=1억 1,000만 원
- 산출세액 : (1억 1,000만 원-1,000만 원)×35%-1,544만 원=1,956만 원
- 결정세액 : 1,956만 원+1,956만 원×20%(무기장 가산세)=2,347만 원

앞의 결과를 보면 복식장부로 신고하는 것이 세금이 낮게 도출되었다. 하지만 여기에도 복병이 하나 있다. 중개사무소가 외부의 세무회계사무소를 이용할 텐데, 이때 기장료 등이 발생하기 때문이다. 또한, 고용 세액공제 등도 변수가 될 수 있다. 따라서 이때는 다음과 같은 식으로 의사결정을 할 것으로 예상한다.

- 부담하는 세금+기장료>기준경비율에 의한 세금→기준경비율로 신고
- 부담하는 세금+기장료<기준경비율에 의한 세금→복식장부로 신고

매출 5억 원 이상인 중개사무소의
소득세 신고법

다음으로 중개업의 당해 연도 매출액이 5억 원 이상인 중개사무소의 소득세 신고 방법을 알아보자. 이러한 중개사무소는 고액의 사업자에 해당하는데, 소득법은 이에 대한 소득세 신고의 투명성을 높이기 위해 성실신고확인 제도를 두고 있다. 이는 장부에 계상하는 수입과 비용에 대해 세무대리인이 검증하도록 하는 제도를 말한다. 실무에서 보면 규제의 강도가 가장 센 제도에 해당한다.

1. 매출 5억 원 이상인 중개사무소에 적용되는 제도

당해 연도 매출액이 5억 원 이상인 사업자들에게 어떤 제도들이 적용되는지 간략히 정리해보자.

1) 부가법

- 일반적으로 부가법상 일반과세자(단, 8,000만 원 미만은 간이과세자)에 해당한다.
- 신규개업 연도의 경우 간이과세자도 해당할 수 있다. 성실신고확인 제도는 신규개업 연도의 매출액이 5억 원 이상일 때 적용되기 때문이다.

2) 소득법

중개업으로 매출액이 5억 원 이상인 경우에 소득법에서 적용되는 제도를 알아보자.

구분	신규사업자	기존사업자
장부작성 의무*	간편장부	복식장부 (전년도 매출액 7,500만 원 이상)
무기장 가산세**	없음.	있음 (전년도 매출액 4,800만 원 이상 시).
경비율 유형***	기준경비율(7,500만 원 이상)	기준경비율 (기준경비율 : 2,400만 원 이상)
성실신고확인 제도의 적용****	5억 원 이상 시	좌동

* 중개업의 경우 7,500만 원 이상이면 복식장부 대상자에 해당한다. 다만, 신규사업 연도는 간편장부 대상자에 해당한다.

** 신규사업자의 경우 소규모사업자에 해당하므로 무기장 가산세는 부과되지 않지만, 기존사업자는 20%의 무기장 가산세가 부과된다.

*** 장부를 작성하지 않으면 경비율 제도를 적용한다.
　－신규사업자로서 1년간의 매출액 7,500만 원 이상 시 : 기준경비율
　－기존사업자로서 1년간의 매출액이 2,400만 원 이상 시 : 기준경비율

**** 성실신고확인 제도는 신규사업자와 기존사업자 모두에게 적용된다.

2. 적용 사례

사례를 통해 앞의 내용을 정리해보자. K 중개사무소는 다음과 같은 매출을 얻었다. 물음에 답하면?

| 자료 |
- 20X4년 매출 10억 원
- 20X4년 비용 4억 9,000만 원
- 중개업 단순경비율 70%, 기준경비율 20%(복식부기 의무자는 10%)로 가정함.
- 종합소득공제 1,000만 원

Q1. K 중개사무소의 소득세 신고는 어떻게 할 수 있는가?

성실신고확인 제도가 적용되는 경우에는 원칙적으로 장부로 신고할 수밖에 없다. 장부 처리를 기반으로 한 성실신고확인서를 제출하지 않으면 가산세가 5% 이상 나오기 때문이다.

Q2. 사례의 경우 얼마만큼의 소득세가 예상되는가? 주어진 자료만을 가지고 계산을 한다.

구분	금액	비고
수입금액	10억 원	
−필요경비	4억 9,000만 원	
=이익	5억 1,000만 원	
−종합소득공제	1,000만 원	
=과세표준	5억 원	
×세율	40%	
−누진공제	2,594만 원	
=산출세액	1억 7,406만 원	지방소득세 별도

Q3. 만일 다음과 같은 자료를 추가하면 조특법 제24조에서 규정된 통합 고용 세액공제를 얼마나 받을 수 있는가? 기타 사항(최저한세 등)은 무시한다.

> **| 자료 |**
> • 당해 연도 고용증가 인원(청년) : 2명(1월 1일 1명, 7월 1일 1명 채용)
> • 이 기업은 수도권 밖에 소재함.

이 경우 수도권 밖에 소재한 중개사무소가 청년을 고용을 증가시키면 1인당 최대 1,550만 원을 세액에서 공제한다. 이 제도는 고용이 줄어들지 않는 이상 최대 3년간 적용된다.

구분	첫 년도 공제액	두 번째와 세 번째 세액공제액
세액공제액*	2,325만 원	3,100만 원
근거	· 상시 청년근로자 증가 인원 : 1명×12개월/12개월+1명×6개월 /12개월=1.5명 · 공제액 : 1.5명×1,550만 원 =2,325만 원	· 상시 청년근로자 유지 인원 : 1명×12개월/12개월+1명× 12개월/12개월=2명 · 공제액 : 2명×1,550만 원 =3,100만 원

* 통합 고용 세액공제의 20%는 농특세로 부과됨.

 신규로 채용된 직원이 가족에 해당하면 고용증가에 따른 세액공제를 받을 수 있는가?

아니다. 가족은 실제 근무해도 이러한 혜택이 없다.

Q4. 고용증가에 따른 세액공제를 받은 후 고용을 감소시키면 어떻게 되는가?

만일 첫 년에도 공제를 받고 그 이후에 고용이 감소하면 두 번째 이후의 공제는 받을 수 없고 이미 받은 공제액은 추징하게 된다. 참고로 이 공제는 수도권 내의 기업에도 적용된다.

🔄 이 외에 2가지 소득이 발생하거나 공동사업소득 등이 발생할 수 있다. 이러한 소득과 관련해 궁금한 점이 있다면 저자의 카페(네이버 신방수세무아카데미)에 문의하기 바란다.

지금까지 중개업을 영위하는 중개사무소의 소득세 신고 방법을 알아보았다. 그런데 중개사무소로서는 본인이 낸 소득세가 남들과 비교해 적정하게 내었는지가 항상 궁금할 수 있다. 이는 대부분의 다른 업종의 사업자들도 마찬가지다. 이에 대한 검증의 잣대로 '표준소득률'을 많이 이용한다.

1. 중개업의 표준소득률

표준소득률은 해당 업종의 종사자들이 평균적으로 신고하는 신고율로 '소득금액/수입금액'의 비율로 계산한다. 이를 어떤 식으로 알 수 있는지 예를 들어보자.

어떤 사업자의 수입이 100이고 비용이 80이라면, 다음과 같이 신고소득률은 20%가 된다.

• 소득률=[(수입-비용)/수입]=(100-80)/100=20%

이러한 방식으로 동종업계의 표준소득률을 산정할 수 있다. 그렇다면 업계의 평균소득률은 어떻게 알 수 있을까? 이는 앞에서 많이 보았던 단순경비율을 활용하면 된다. 이것은 동종업계의 종사자가 평균적으로 신고하는 경비율이므로 이를 100%에서 차감하면 소득률이 나오기 때문이다.

▶ 중개업의 표준소득률 : 100%-71.5%=28.5%

세 분류	세세 분류	단순경비율	표준소득률
부동산 중개, 자문 및 감정평가업	부동산 중개 및 대리업	71.5	28.5%

2. 적용 사례

사례를 통해 앞의 내용을 확인해보자. K 중개사무소의 자료를 보고 물음에 답하면?

| 자료 |

• 업종 : 중개업
• 수입금액 : 3억 1,000만 원
• 필요경비(비용) : 1억 5,000만 원
• 종합소득공제 : 1,000만 원
• 기타 사항은 무시하기로 함.

Q1. 이 중개사무소는 얼마의 소득세가 예상되는가?

앞의 계산구조 틀에 맞춰 대입하면 다음과 같다.

구분	금액	비고
당기순이익	1억 6,000만 원	3억 1,000만 원-1억 5,000만 원
±세무조정	-	
=소득금액①	1억 6,000만 원	
-소득공제②	1,000만 원	
=과세표준	1억 5,000만 원	
×세율	35%	
-누진공제	1,544만 원	
=산출세액	3,706만 원	
-세액공제③	-	
-세액감면④	-	

+가산세⑤	–	
=결정세액	3,706만 원	
–기납부세액	–	
=납부할 세액	3,706만 원	

Q2. 이 중개사무소의 소득률은 적정한가?

업계의 평균 소득률과 비교하면 높게 신고된 것으로 평가된다.

- 사례의 신고소득률 = 소득금액 1.6억 원/수입금액 3억 원=53.3%
- 동업업계 평균 소득률 = 28.5%

Q3. 표준소득률에 신고한 것과 세금 차이는 얼마나 나는가?

구분	실제 신고	표준소득률 신고	비고
당기순이익①	1억 6,000만 원	8,835만 원*	* 3억 1,000만 원×28.5%
±세무조정	–	–	
=소득금액	1억 6,000만 원	8,835만 원	
–소득공제②	1,000만 원	1,000만 원	
=과세표준	1억 5,000만 원	7,835만 원	
×세율	35%	24%	
–누진공제	1,544만 원	576만 원	
=산출세액	3,706만 원	1,304만 원	
–세액공제③	–	–	
–세액감면④	–	–	
+가산세	–	–	
=결정세액	3,706만 원	1,304만 원	
–기납부세액	–	–	
=납부할 세액	3,706만 원	1,304만 원	

Q4. Q3에 관한 결과를 총평한다면?

사례의 경우 동종업계의 평균 소득률보다 대략 2,400만 원 많게 신고하는 것으로 나타났다. 따라서 이에 대한 원인을 분석하고 대책을 수립하는 것이 좋다. 이때에는 앞의 세금을 계산하는 각 요소를 항목별로 검토하는 것이 좋다.

- ① 당기순이익 : 감가상각비의 검토, 누락한 경비가 있는지 등을 검토한다.
- ② 소득공제 : 기본공제 외에도 추가할 수 있는 것들이 있는지 검토한다.
- ③ 세액공제 : 자녀 세액공제, 의료비 세액공제, 투자 세액공제, 고용 세액공제 등을 적극적으로 검토한다.
- ④ 세액감면 : 소득에 대해 감면을 받을 수 있는 것들을 검토한다 (단, 중개업은 세액감면 대상 업종에서 제외된다).

성실신고확인 대상 사업자들은 다음 해 6월에 소득세 신고를 하는데, 이들은 필요경비 검증에 더욱 관심을 두어야 한다. 이들에 대해서는 장부에 계상한 필요경비에 대해서는 엄격히 검증하기 때문이다. 중개업의 경우 5억 원 이상의 매출이 발생하면 이 제도가 적용된다.

1. 성실신고확인이란

이 제도는 당해연도의 수입금액이 일정액 이상이면 종합소득세를 신고할 때 장부기장 내용의 정확성 여부를 세무사 등에게 확인받은 후 신고하게 함으로써 사업자의 성실한 신고를 유도하기 위해 도입되었다.

* 업종별로 15억 원, 7.5억 원, 5억 원 이상인 사업자를 말한다. 중개업은 5억 원을 기준으로 한다.

➏ 성실신고확인 대상 판단은 '해당 연도' 수입금액을 기준으로 함에 유의해야 한다. 따라서 신규사업자라도 매출액이 상당하다면 사업 첫해부터 이 제도를 적용받게 된다. 한편 앞의 수입금액에는 사업용 유형고정자산의 처분가액은 산입하지 않는다(장부작성 판단 시도 동일).

2. 성실신고확인서 제출 기한

이들은 다음 해 6월까지 소득세 신고를 하면서 성실신고확인서를 제출해야 한다(서식은 저자의 카페에서 확인 가능).

3. 성실신고에 대한 혜택과 신고 불이행에 따른 불이익

1) 성실신고에 대한 혜택

① 의료비·교육비·월세 세액공제(조특법 제122조의 3)

성실신고확인사업자에 대해서는 특별세액공제 대상 의료비·교육비를 지출한 경우, 지출한 금액의 100분의 15(미숙아·선천성 이상아에 대한 의료비는 100분의 20, 난임 시술비는 100분의 30)에 해당하는 금액을 사업소득에 대한 소득세에서 공제한다(조특법 제122조의 3 ①).

② 성실신고확인비용 세액공제(조특법 제126의 6)

성실신고확인 대상 사업자가 성실신고확인서를 제출하는 경우, 성실신고확인에 직접 사용한 비용의 100분의 60을 사업소득(2013..1.1 이후 제출분부터 부동산임대소득 포함)에 대한 소득세에서 공제한다(한도 : 120만 원).

※ 농특세 및 최저한세 적용 검토

구분	농특세	최저한세 적용 대상
성실신고확인 대상자의 의료비·교육비·월세 세액공제	과세	대상
성실신고확인비용 세액공제	비과세	배제

2) 성실신고 위반에 대한 불이익

① 사업자에 대한 가산세 부과(소득법 제81조 ⑬)

성실신고확인 대상 과세 기간의 다음 연도 6월 30일까지 성실신고확인서를 제출하지 않은 경우, 해당 사업소득 금액이 종합소득금액에서 차지하는 비율*에 종합소득 산출세액에 곱해 계산한 금액의 5/100를 가산세로 부과한다.

* Max [㉠ 산출세액×(미제출 사업장의 소득금액/종합소득금액)×5%, ㉡ 사업소득 총수입금액× 0.02%]

② 사업자에 대한 세무조사(국세기본법 제81의 6③)

성실신고확인서 제출 등의 납세협력 의무를 이행하지 않은 경우 수시 세무조사 대상으로 선정될 수 있다.

③ 성실신고확인자에 대한 제재

세무조사 등을 통해 세무대리인이 성실신고확인을 제대로 하지 못한 사실이 밝혀지는 경우 성실신고확인 세무대리인에게 징계 책임이 있다.

Tip	필요경비 사후검증

성실신고확인서 제출 시 다음과 같은 자료가 제출된다. 따라서 해당 내용은 언제든 사후검증이 되므로 주의해야 한다.

(단위 : 1,000원)

항목	당기 지급액	정규영수증 수취 의무 제외		정규영수증 수취 의무			
		건당 3만 원 이하	기타	계	정규 영수증	정규 영수증 외의 영수증	영수증 불비
① 당기매입액							
② 재료비							
③ 복리후생비							
④ 여비교통비							
⑤ 임차료							
⑥ 보험료							
⑦ 수선비							
⑧ 접대비							

⑨ 광고 선전비						
⑩ 운반비						
⑪ 차량 유지비						
⑫ 지급수수료						
⑬ 판매수수료						
⑭ 소모품비						
⑮ 인적용역비						
⑯ 기타 판매비 및 관리비						
⑰ 영업외비용						

👉 중개업의 매출이 5억 원 이상이 되면 성실신고확인제도가 적용된다. 이 제도가 적용되면 업무 무관 비용 계상이 원천적으로 불가능해지므로 소득세가 상당히 많아진다. 그래서 일부에서는 법인으로의 전환을 모색하게 되는데, 이때 주의할 것은 성실신고확인 대상자인 중개사무소가 법인 전환을 하면 해당 법인도 3년간 성실신고확인제도를 받는다는 점이다. 따라서 이러한 문제를 피하기 위해서는 개인을 폐업하고 법인을 설립하는 형태로 가는 것이 좋지 않을까 싶다(제8장 참조).

개업공인중개사를 포함한 개인사업자들에 대한 보험료 부과기준과 이를 줄일 방법 등에 대해 알아보자. 참고로 사업자들이 부담하는 건강보험료는 직장이든 지역이든 모두 사업장의 필요경비로 인정된다. 공동사업자도 구성원 모두 공동사업장의 필요경비로 인정된다.

1. 직장 가입자와 지역가입자의 구분

사업자 1인만 있다면 사업자 자신에 대한 건강보험료 등은 지역에서 부과받게 된다. 이때 건강보험료는 대부분 소득과 부동산, 자동차 종류 등을 점수화해서 이를 기준으로 산정된다. 여기서 소득은 세무서에 신고된 종합소득금액을 기준으로 한다. 그런데 직원 1명 이상을 고용하는 경우에는 이들에 대해 4대 보험에 의무적으로 가입해야 하므로 이 경우에는 사업자도 직장 가입자로 4대 보험에 가입해야 한다.

2. 직장 가입자의 4대 보험료 부과기준

지금부터는 1인 이상 직원을 고용한 사업자가 직장 가입자로서 4대 보험료를 어떤 식으로 부담하고 이에 대한 절약법은 무엇인지 사례를 통해 알아보자.

먼저 4대 보험료 부과기준을 알아보자(2024년 기준).

구분	근로자 부담	사무소 부담	합계
국민건강보험료	보수월액의 3.545%	좌동	7.09%
장기요양보험료	건강보험료×12.95%	좌동	–
국민연금보험료	기준 보수월액의 4.5%	좌동	9.0%

고용보험료(사용인 150인 미만인 경우)	총임금의 0.9%	총임금의 0.9% 이상	-
산재보험료	-	업종별 상이	-
계	8.045% 이상	좌동	16.09% 이상

다음으로, 사례를 통해 직원과 사업장에 대한 보험료 부과기준과 이에 대한 절약법 등을 알아보자.

사례 1

K 중개사무소의 직원에 대한 급여 대장이 다음과 같다고 하자. 물음에 답하면?

이름	기본급	연장수당	식대	월 지급액	연간
A 씨	2,000,000	-	200,000	2,200,000	26,400,000

Q1. A 씨의 산재보험료를 제외한 4대 보험료는 얼마나 되는가?

산재보험료를 제외한 4대 보험료를 사업자분과 직원분으로 나눠 대략 계산하면 다음과 같다. 단, 편의상 공제율은 9%로 한다.

- 급여지급 시 공제금액 : 200만 원×9%=18만 원
- 사무소 분담액 : 18만 원
- 계 : 36만 원

국민건강보험료와 국민연금보험료는 비과세소득을 제외한 금액에 대해 부과된다.

Q2. 이들에 대한 4대 보험료 절약법은 무엇인가?

국민건강보험료와 국민연금보험료는 소득법상 비과세소득을 제외한

소득에 부과되므로 이러한 항목을 최대한 활용한다.

- 월 20만 원 이하의 식대를 급여 대장에 반영하면 보험료가 줄어든다.
- 월 20만 원 이하의 자가운전보조금 등을 급여 대장에 반영하면 보험료가 줄어든다.

Q3. 급여를 세무서에 신고하지 않는 것이 더 유리할까?

직원에 대한 인건비를 신고하지 않는 경우들이 있다. 사업자가 부담하는 인건비의 9%인 보험료를 아끼기 위해서이다. 하지만 인건비 신고를 하지 않으면 종합소득세 신고 시 경비 처리를 할 수 없어 소득세를 더 내는 경우가 많다. 예를 들어 2,600만 원 급여자의 신고를 누락하면 대략 234만 원(2,600만 원×9%)의 보험료를 덜 낼 수 있지만, 소득세 낼 때 24%의 세율이 적용된다면 624만 원(2,600만 원×24%)을 더 내야 한다. 따라서 실익 분석을 잘할 필요가 있다. 이 외에 고용증대에 따른 통합 고용 세액공제 등도 받을 수 없게 된다.

사례 2

앞의 K 중개사무소 대표자에 대한 소득자료가 다음과 같다고 하자. 물음에 답하면?

구분	연간 수입	연간 비용	연간 이익	연간 소득금액
개업 연도	1억 원	2억 원	△1억 원	△1억 원
개업 다음 연도	2억 원	1억 원	1억 원	0원(결손금 통산)
개업 다음다음 연도	5억 원	2억 원	3억 원	3억 원

Q1. 개업 당시에 대표자가 4대 보험에 가입 시 어떤 식으로 보험료가 책정되는가?

사업소득에 대한 자료가 없으므로 이때에는 부득이 직원 중 가장 급여가 높은 금액을 기준으로 보험료를 책정해야 한다(건강보험법 규정). 따라서 사례의 경우, A 씨의 급여를 기준으로 4대 보험에 가입하게 된다.

Q2. 개업 연도에는 1억 원의 손실이 났고 그다음 연도에는 1억 원의 이익이 나서 결손금을 이월해 통산한 결과 소득금액은 0원이 되었다. 이 경우, 개업 다음 연도의 보험료는 어떤 기준으로 책정되는가?

소득금액은 0원이 되므로 소득이 발생하지 않는 것으로 볼 수 있다. 따라서 이러한 상황에서도 앞의 A 씨의 급여를 기준으로 보험료를 납부하게 된다(공단 문의).

Q3. 개업 다음다음 연도에는 3억 원의 소득금액이 발생했다. 이 경우에는 보험료가 어떤 기준에 의해 책정되는가?

3억 원의 소득금액에 맞춰 보험료를 내야 한다. 현행 사업자의 건강보험료는 일단 전년도 소득을 기준으로 우선 부과한 후, 다음 해 5월, 6월 사업장에서 확정된 소득에 의해 전년도 보험료를 다시 산정해 기납부한 보험료와 정산해 6월, 7월 보험료에 추가해서 부과하는 식으로 매년 정산하게 된다.

| Tip | 개인 중개사무소 대 중개법인 운영 시 대표자의 건강보험료 부과 방식 비교 | |

구분	개인	법인
부과기준	종합소득세 신고 상의 금액을 기준으로 부과	원천징수된 근로소득을 기준으로 부과
특징	사업소득 조절은 근로소득보다 힘듦.	근로소득은 조절할 수 있음.

제8장

• • • • •

중개법인의 설립과
세무 처리법

중개법인의 시작과
세무 절차

중개법인은 설립등기 후 사업자등록을 하면 바로 사업을 시작할 수 있다. 하지만 그 전에 검토할 것들이 상당히 많다. 우선 개인 중개사무소와의 비교우위가 있어야 하고, 법인을 설립하기로 했다면 설립장소, 자본금, 구성원 등을 검토해야 한다. 또한, 세무 및 회계 절차 등에 대해서도 미리 점검해야 한다. 다음에서는 사업 관련 세무 절차를 알아보고 공인중개사법인(중개법인)이 알아야 할 것들을 순차적으로 알아보자.

1. 중개법인의 세무 절차

중개법인의 세무 절차를 앞에서 본 개인의 세무 절차와 비교해보자.

절차		개인 중개사무소	중개법인*
	개설등록	· 관할 시·군·구청	· 좌동 · 법인설립등기
	▼		
	사업자등록	· 사업장이 있는 담당 세무서 (2일 이내에 수령) · 준비서류 : 사업자등록 신청서, 인허가 사본, 임대차계약서 등	좌동
사업 개시 전	▼		
	사업개시 전 준비	· 카드단말기 설치, 현금영수증 가맹	좌동
		· 사업용 계좌 신고 · 사업자카드 등록	법인은 미 해당
		· 영수증 수취 의무 숙지 · 장부작성 의무 숙지 · 원천징수 대상 소득 파악 · 고용 관련 규칙 숙지 등	좌동(법인은 무조건 복식장부)
	▼		
사업 개시 후	원천세/ 4대 보험 신고	· 원천세 신고 · 직원 4대 보험 신고	좌동
		· 지급명세서 제출(매월 등)	좌동
	▼		
	부가세 신고	· 부가세 신고(1~2회 신고)	좌동(법인은 4회)
	▼		
	소득세/ 법인세 신고	· 5월 주소지 관할 세무서 · 성실신고사업자는 6월	· 3월 법인소재지 관할 세무서 · 성실신고법인은 4월
폐업		지체 없이 폐업신고	청산 후 절차 폐업

* 법인은 주주가 지배하는 회사로 주주와 관련해 다양한 세금 문제가 발생한다.

2. 개인 중개사무소와 중개법인의 비교

1) 설립등기

공인중개사가 법인으로 활동하기 위해서는 상법에서 요구하고 있는 법인등기를 해서 법인격을 취득해야 한다. 이는 모든 업종에서 요구하는 필수적인 요구사항이다. 참고로 개인은 이러한 절차가 없다. 개인 자체가 인격을 가지고 있기 때문이다.

2) 사업용 계좌 신고 의무

개인 중 복식부기(중개업 7,500만 원)는 사업용 계좌에 대한 신고 및 사용 의무가 있다. 소득신고의 투명성을 높이기 위해 소득법이 규정하고 있는 제도에 해당한다. 그런데 법인은 이러한 제도를 둘 이유가 없다. 법인은 법인계좌를 통해 입출금을 이루어지는 것이 원칙이기 때문이다.

 법인계좌에서 대표이사가 100만 원을 무단으로 인출하면 법 인세법상 문제가 되는가?

법인은 근거 없이 출금된 돈을 '업무무관가지급금'으로 분류해 이에 4.6% 이자율을 곱한 금액을 법인의 이익으로 보는 한편 대표이사의 상여로 과세를 하는 불이익을 주게 된다.

☜ 법인은 장부를 복식부기로 작성해야 하므로 자금인출이 되면 회계 처리 과정에 그 내용이 드러나게 된다.

3) 각종 세무신고 의무

주요 3대 세무신고인 원천세는 개인과 같고, 부가세는 일반과세자로 연간 4회 신고 의무가 주어진다. 한편 개인은 소득세를 내야 하지만, 법인은 법인세를 내야 한다.

※ 소득세와 법인세의 구조 비교

구분	개인	법인
소득금액	수입금액-필요경비	익금-손금
세율	6~45%*	9~24%*
세후 잉여금	본인에 귀속	법인에 귀속
배당 제도	없음.	있음.

* 소득세율과 법인세율

개인			법인	
과세표준	세율	누진공제	과세표준	세율
1,400만 원 이하	6%	–	2억 원 이하	9%
5,000만 원 이하	15%	126만 원		
8,800만 원 이하	24%	576만 원	200억 원 이하	19%
1억 5,000만 원 이하	35%	1,544만 원		
3억 원 이하	38%	1,994만 원	3,000억 원 이하	21%
5억 원 이하	40%	2,594만 원		
10억 원 이하	42%	3,594만 원	3,000억 원 초과	24%
10억 원 초과	45%	6,594만 원		

Tip 중개법인의 사업개시 후 주요 세무 신고

구분		개인	법인
		일반과세	일반과세
개념		공급가액의 10%를 징수해 납부해야 하는 사업자	좌동(법인은 간이과세 없음)
매출영수증 발행 의무		세금계산서, 카드전표, 현금영수증 중 하나로 발행	좌동
영수증 수취 의무		세금계산서, 카드전표, 현금영수증 수취 원칙	좌동
부가세 신고		연 2회	연 4회
현금매출명세서 제출 의무		해당	좌동
원천징수 및 자료 제출 의무		있음.	좌동
4대 보험 신고(임직원)		있음.	좌동
종합소득세 신고	일반사업자	다음 해 5월 중	법인세 : 다음 해 3월
	성실신고사업자	다음 해 6월 중	법인 성실신고 : 다음 해 4월
외부감사 수감 의무		해당하지 않음.	해당함(단, 요건 있음).

중개법인의 설립등기

중개업을 포함해 모든 업종을 법인으로 운영하기 위해서는 사업자등록 이전에 법인설립등기부터 해야 한다. 다만, 이때 상호나 본점 소재지 등에 대한 의사결정이 있어야 한다. 물론 이때 공인중개사의 경우에는 공인중개사법에서 정하고 있는 내용을 지켜야 한다.

1. 공인중개사법에서 정하고 있는 내용

공인중개사법에서는 공인중개사가 법인을 설립할 때 다음과 같은 요건을 두고 있다.

1) 자본금 등의 요건

제13조(중개사무소 개설등록의 기준 등)

① 법 제9조 제3항에 따른 중개사무소 개설등록의 기준은 다음 각호와 같다.

2. 법인이 중개사무소를 개설하려는 경우

　　가. 상법상 회사 또는 협동조합 기본법 제2조 제1호에 따른 협동조합(같은 조 제3호에 따른 사회적 협동조합은 제외한다)으로서 자본금이 5,000만 원 이상일 것

나. 법 제14조*에 규정된 업무만을 영위할 목적으로 설립된 법인일 것

다. 대표자는 공인중개사이어야 하며, 대표자를 제외한 임원 또는 사원(합명회사 또는 합자회사의 무한책임사원을 말한다)의 3분의 1 이상은 공인중개사일 것

라. 대표자, 임원 또는 사원 전원 및 분사무소의 책임자(법 제13조 제3항에 따라 분사무소를 설치하려는 경우에만 해당한다)가 법 제34조 제1항에 따른 실무교육을 받았을 것

마. 건축물대장에 기재된 건물에 중개사무소를 확보(소유·전세·임대차 또는 사용대차 등의 방법에 의해 사용권을 확보해야 한다)할 것

* 이는 다음을 말한다.

제14조(개업공인중개사의 겸업 제한 등)
① 법인인 개업공인중개사는 다른 법률에 규정된 경우를 제외하고는 중개업 및 다음 각호에 규정된 업무와 제2항에 규정된 업무 외에 다른 업무를 함께 할 수 없다.
1. 상업용 건축물 및 주택의 임대관리 등 부동산의 관리대행
2. 부동산의 이용·개발 및 거래에 관한 상담
3. 개업공인중개사를 대상으로 한 중개업의 경영기법 및 경영정보의 제공
4. 상업용 건축물 및 주택의 분양대행
5. 그 밖에 중개업에 부수되는 업무로서 대통령령으로 정하는 업무

2) 이중등록의 금지 등

제12조(이중등록의 금지 등)

① 개업공인중개사는 이중으로 중개사무소의 개설등록을 해서 중개업을 할 수 없다.

② 개업공인중개사 등은 다른 개업공인중개사의 소속공인중개사·중개보조원 또는 개업공인중개사인 법인의 사원·임원이 될 수 없다.*

* 이는 중개업을 한 곳에서만 할 수 있음을 의미하므로 다른 사무소에서 근무할 수 없음을 의미한다. 법인 또한 같다. 다만, 다른 업종 예를 들어 부동산 임대업이나 도매업, 임대법인의 대표이사 등은 겸직이 가능할 것으로 보인다. 매매법인에 관해서는 다음 사례를 통해 확인하기 바란다.

2. 적용 사례

K 씨는 현직 공인중개사로 중개법인을 설립 준비 중이다. 물음에 답하면?

Q1. 중개법인은 자본금이 최소 얼마 이상이 되어야 하는가?

공인중개사법에서는 최소 5,000만 원을 요구하고 있다. 상법은 이에 대한 제한이 없다.

Q2. 주주에는 공인중개사가 아닌 자도 포함할 수 있는가?

그렇다. 구성원의 1/3 이상은 공인중개사를 포함하도록 하고 있기 때문이다. 한편 법인의 대표이사는 공인중개사가 되어야 한다.

Q3. K 씨는 다른 중개사무소의 소속공인중개사가 되거나 또 다른 중개법인의 임원이 될 수 있는가?

아니다. 이는 공인중개사법 제12조에서 규정하고 있는 '이중등록의 금지'에 해당할 수 있기 때문이다.

Q4. 만일 K 씨가 중개법인의 대표이사가 되었다고 하자. 그 이후 매매법인을 제외한 임대법인 등을 설립해 그 법인의 주주나 임원이 된 경우 문제가 있는가?

이 경우, 공인중개사법에서는 문제가 없는 것으로 보인다. 공인중개사로서 이중등록을 하는 것이 아니기 때문이다. 한편, 이 경우 상법 제397조에 규정하고 있는 경업금지 규정(아래)도 참조해야 하는데 사례의 건은 이와도 무관해 보인다. 임대법인이나 기타법인은 동종 업종이 아니기 때문이다.

제397조(경업금지)

① 이사는 이사회의 승인이 없으면 자기 또는 제삼자의 계산으로 회사의 영업부류에 속한 거래를 하거나 동종 영업을 목적으로 하는 다른 회사의 무한책임사원이나 이사가 되지 못한다.

② 이사가 제1항의 규정을 위반해 거래한 경우에 회사는 이사회의 결의로 그 이사의 거래가 자기의 계산으로 한 것일 때에는 이를 회사의 계산으로 한 것으로 볼 수 있고 제삼자의 계산으로 한 것일 때에는 그 이사에 대해 이로 인한 이득의 양도를 청구할 수 있다.

③ 제2항의 권리는 거래가 있은 날로부터 1년을 경과하면 소멸한다.

Q5. 만일 K 씨가 중개사무소를 운영 중에 매매법인을 설립 후 임원으로 재직하면 어떤 문제가 있는가?

'매매'는 중개가 아닌 시세차익을 얻기 위한 사업 활동에 해당한다. 그렇다면 이러한 사업행위에 대해 공인중개사법은 어떤 식으로 규정하고 있을까? 우선 공인중개사법 제33조 제1항에서는 다음과 같은 행위를 금지하고 있다.

① 개업공인중개사 등은 다음 각호의 행위를 하여서는 아니된다.

1. 제3조에 따른 중개대상물*의 매매를 업으로 하는 행위

   * 토지와 건물 등을 말한다.

즉, 이는 사무소를 개설한 공인중개사는 매매업을 하지 말라는 것을 의미한다. 자신의 사무소이든 별도의 사업자등록을 내든 마찬가지다. 그렇다면 매매법인을 설립하면 어떻게 될까? 일단 매매법인은 직접 개업공인중개사가 매매업무를 수행하는 것이 아니므로 개인 매매업처럼 이를 금지하는 것인지는 확실하지 않다. 이에 일각에서는 개업공인중

개사도 매매법인을 설립할 수 있다고 한다. 하지만 앞의 법 취지는 개업공인중개사가 중개대상물을 매매하는 행위를 원칙적으로 금지하는 것인 만큼 매매법인에도 이러한 잣대를 적용할 가능성도 있어 보인다. 따라서 실무상 쟁점이 발생하면 새로운 유권해석이 있는지 등을 확인하고 업무 처리를 해야 할 것으로 보인다.

Q6. 만일 앞의 K 씨가 개업공인중개사가 아닌 자격으로 매매법인을 설립하면 문제가 되는가?

이 경우에는 일반인에 불과하므로 중개업을 제외하고는 문제는 없다. 참고로 중개업, 부동산 매매업, 부동산 컨설팅 등으로 설립 목적된 법인이 행정관청에 중개사무소 개설등록을 하지 아니하고, 대표이사가 부동산의 매매를 이루어지도록 하고 중개수수료를 받은 행위는 '무등록중개업'에 해당한다(국토부 부동산 산업과-386, 08.09.29).

※ (미) 개업공인중개사의 금지 업종

구분	개업공인중개사인 경우		미 개업공인중개사인 경우	
	개인	법인	개인	법인
중개업	×	×	○	○
임대업	×	×	×	×
매매업	○*	△**	×	×
기타서비스업 등	×	×	×	×

* 공인중개사법 제33조 제1항 제1호에서 금지업종으로 열거하고 있음.
** 개업공인중개사의 매매법인 참여는 공인중개사법 제33조 제1항 제1호에서의 금지 업종에 해당하지 않는 것으로 해석하고 있으나, 실제 문제가 없는지는 불분명함.

등 기 할 사 항

상호	
본점	
공고 방법	
1주의 금액	
발행할 주식의 총수	
발행주식의 총수와 그 종류 및 각각의 수	발행주식의 총수　　　0주 보통주식　　　　　　0주 제1종 우선주식　　　0주
자본금 총액	
목적*	
이사·감사의 성명 및 주민등록번호	
대표이사의 성명과 주소	

* 목적 : 법인의 사업목적으로 말한다. 이때 사업목적은 공인중개사법 제14조의 범위에서 정해야 한다.

● 법인설립등기가 되었다면 이후 관할 세무서에 법인설립신고와 사업자등록을 동시에 신청할 수 있다. 이때 개설등록증 사본을 첨부한다.

중개법인과
장부작성 의무 등

법인의 설립 전후에 법인을 둘러싼 세법상의 협력 의무를 파악할 필요가 있다. 예를 들어, 개인에게 적용되던 사업용 계좌나 장부작성 의무 등이 그렇다. 법인은 개인과는 달리 회사의 기관(주주총회 등)을 통해 사업을 운영하므로 개인과는 다른 제도가 적용될 수 있다. 다음에서 이에 대해 알아보자.

1. 법인의 장부작성 의무 등

법인에 적용되는 장부작성 의무 등을 앞에서 살펴본 개인과 비교해보자.

※ 개인과 법인의 장부작성 의무 등 비교

구분	개인 중개사무소	중개법인
신용카드/현금영수증 가맹점 가입 의무	2,400만 원 이상(전년도)	좌동
현금영수증 의무발행	해당	좌동
사업용 계좌 신고 및 사용 의무	복식장부 의무자	없음.
업무 무관 가지급금 규제	없음.	있음.
사업자카드 등록 의무	없음	좌동
정규영수증 수취 의무	전년 매출 4,800만 원 이상 시	적용(매출 무관)
영수증 수취명세서 제출 의무		
장부작성 의무	전년도 매출 7,500만 원 이상 시 복식장부(그 미만은 간편장부)	복식장부
무기장 가산세	20%	좌동
소규모사업자에 대한 혜택	있음.	없음.*
경비율 제도	전년도 매출 2,400만 원 이상 시는 기준경비율(미만은 단순경비율)	조사 시 경비율 적용 (법인은 경비율로 법인세를 신고하지 못함)
성실신고확인 대상	당해 연도 매출이 5억 원 이상 시	· 부동산 임대업이 주업인 법인 · 성실확인 대상 사업자가 법인 전환 후 3년 이내의 법인
외부감사 제도	없음.	있음(단, 적용요건 있음).**

* 다만, 소규모 성실 법인사업자에 대해서는 정기세무조사 면제가 되는데 매출 3억 원 이하의 법인에 이러한 혜택이 주어진다(국기령 제63조의 5, 2장 참조).
** 자산, 부채, 매출, 종업원 수 등의 요건 있음.

    법인은 복식부기로 장부를 작성해야 하며, 이들에 대해서는 경비율 제도를 적용하지 않는다. 한편 이들도 성실신고확인 제도가 적용되는데 개인과는 다르게 주업이 임대업인 법인, 개인 성실확인사업자에서 법인으로 전환한 지 3년 이내에 있는 법인 등에 적용한다. 법인은 외부감사 제도가 적용된다.

2. 적용 사례

K 중개법인은 최근 설립되었다. 이 법인의 대표이사는 법인의 운영과 관련해 몇 가지가 궁금하다. 다음 물음에 답하면?

Q1. 중개법인은 사업용 계좌를 관할 세무서에 신고해야 하는가?
아니다. 법인은 이러한 규제가 없다.

※ 개인과 법인의 계좌 제도 비교

구분	개인	법인
사업용 계좌 제도*	있음(복식장부).	없음.
사업계좌에서 인출 시 규제 여부	없음(생활비 인출 가능).	가지급금으로 규제함.

* 개인은 사업 계좌에서 생활비 등을 찾거나 개인 돈을 입금해도 아무런 문제가 없다. 참고로 사업용 계좌는 개인 중개사무소 중 복식부기 의무자에게 적용된다. 즉 이들은 국세청에 등록한 계좌를 통해 매출 대금을 입금해야 하고, 인건비 등 주요 비용에 대해서는 이를 통해 출금해야 한다. 만일 이러한 의무를 지키지 않으면 가산세 등의 불이익이 주어진다.

Q2. 중개법인의 계좌에서 자금을 무단으로 인출하면 어떤 문제가 있는가?
업무와 관련 없이 대여한 자금에 대해서는 4.6% 상당의 이자를 계산해 법인의 수익과 대표이사 등의 상여로 처리해 법인세와 소득세를 부과한다.

Q3. K 중개법인의 대표이사가 개인 자금을 법인계좌에 입금했다고 하자. 이때 무이자 방식도 문제가 없는가?
그렇다. 법인의 운영자금이 부족하면 개인이 이를 조달하게 된다. 이는 법인이 갚아야 할 돈이 되므로 부채(가수금)로 장부에 계상하게 된다. 이때 가수금에 대해서는 이자를 주고받지 않아도 세법상 문제가 없다.

중개법인과
부가세 신고

중개법인이 설립되고 사업자등록을 냈다고 하자. 이후 본격적인 사업 활동을 영위할 수 있게 된다. 이때 각종 신고 제도 중 가장 먼저 만나게 되는 것은 부가세다. 그런데 이러한 부가세 신고는 앞에서 본 개인 중개사무소 중 일반과세자와 같다. 다만, 신고횟수 등에서 일부 차이가 있다. 이러한 점을 고려해 다음에서 법인의 부가세 제도를 정리해보자.

1. 개인과 법인의 부가세 제도

1) 개인과 법인의 부가세 제도 비교

구분	개인 중개사무소	중개법인
기준금액	1년간의 매출액 8,000만 원 이상 시 일반과세	법인은 매출액과 무관하게 일반과세
전자세금계산서 발행	8,000만 원 이상(2024.7.1.)	무조건 발행
세액계산	매출세액(매출액의 10%) - 매입세액 = 납부세액	좌동
현금영수증 등 발행공제	적용함.	적용하지 않음.
납부면제	있음(단, 4,800만 원 미만 시 적용).	없음.
현금매출명세서 제출	있음.	좌동

		· 1 과세 기간 : 예정 신고와 확정신고 · 2 과세 기간 : 예정 신고와 확정신고
확정신고·납부 기한	· 1 과세 기간 : 확정신고 · 2 과세 기간 : 확정신고	· 1 과세 기간 : 예정 신고와 확정신고 · 2 과세 기간 : 예정 신고와 확정신고
예정 고지·납부	4월 25일, 10월 25일 2회 납부 (50만 원 이상 시) ※ 사업부진 시 신고 가능	직전 과세 기간의 공급가액이 1.5억 원 이하인 경우 예정고지함.

2) 개인과 법인의 부가세 신고 및 납부 기한

개인은 부가세를 1년에 1~2회 정도 신고하지만, 법인은 분기별로 4회를 신고한다.

과세 기간	과세 대상 기간		신고납부 기간	신고 대상자
제1기 1.1~6.30	예정 신고	1.1~3.31	4.1~4.25	법인사업자*
	확정 신고	1.1~6.30	7.1~7.25	법인·개인 일반사업자
제2기 7.1~12.31	예정 신고	7.1~9.30	10.1~10.25	법인사업자*
	확정 신고	7.1~12.31	다음 해 1.1~1.25	법인·개인 일반사업자

* 직전 과세 기간(6개월)의 매출액이 1억 5,000만 원 이하이면 예정고지함.

2. 적용 사례

사례를 통해 K 중개법인의 부가세 신고에 대해 알아보자. 다음 물음에 답하면?

| 자료 |
· 20X4년 4월 1일~6월 30일 기준(부가세 별도)
· 세금계산서 매출 2억 원
· 현금영수증 매출 1억 원
· 세금계산서 등의 매입 5,000만 원

Q1. K 중개법인의 부가세 납부예상액은 얼마인가?

총 매출이 3억 원이고 매입액이 5,000만 원이므로 2,500만 원이 납부할 세액이 된다.

Q2. K 법인이 현금영수증을 발행하는 데 따른 세액공제를 받지 못하는가?

그렇다. 법인과 매출액이 10억 원을 넘는 개인사업자는 이 공제를 적용하지 않는다.

Q3. 만일 20X4년 일사분기(예정 신고)에 신고에서 빠진 매출세액이 있다면 어떻게 해야 하는가?

예정 신고 때 누락한 매출세액은 확정 신고 때 예정 신고 누락분으로 해서 신고한다. 다만, 이때 매출세금계산서합계표 미제출, 신고 불성실 및 납부지연에 따른 가산세가 부과된다. 한편 확정 신고 후에 매출 누락이 발견된 경우에는 수정 신고를 해야 한다.

Q4. 만일 20X4년 일사분기(예정 신고)에 신고에서 빠진 매입세액이 있다면 어떻게 해야 하는가?

예정 신고 때 누락한 매입세액은 확정신고 때 예정 신고 누락분으로 해서 신고한다. 이때에는 가산세가 없다.* 한편 확정 신고 후에 매입 누락이 발견된 경우에는 경정청구를 해서 매입세액을 돌려받을 수 있다. 이때 매입세금계산서합계표와 관련된 가산세가 부과된다.

* 서면인터넷방문상담3팀-1012, 2004.05.25
  예정 신고 시에 공제받지 못한 경우에는 확정신고 시 및 경정청구를 하여 공제받을 수 있는 것이며, 이 경우 가산세를 적용하지 아니하는 것임.

중개사무소의 세금계산서 등 발행 의무

구분		개인 일반과세자	법인 일반과세자
부가법	세금계산서 발행	의무	좌동
	전자세금계산서 발행	의무(8,000만 원)	좌동(매출 무관)
	카드전표 발행	가능	좌동
	현금영수증 발행	가능	좌동
	일반영수증 발행	-	좌동
소득법/법인세법	신용카드/현금영수증 가맹점 가입 의무	전년도 수입금액 2,400만 원 이상인 소비자 상대 업종 ☞ 10만 원 미만 거래 시 적용	좌동
	현금영수증 의무발행	수입금액과 무관하게 지정된 현금영수증 의무발행 업종 ☞ 10만 원 이상 거래 시 적용	좌동

중개법인과
법인세 신고

개인은 다음 해 5월 중에 소득세를 신고하지만, 법인은 다음 해 3월 중에 법인세를 신고한다(12월 말 법인의 경우). 소득세와 법인세의 과세표준 및 세율 등에서 차이가 있다. 참고로 세후 이익의 처분에 대해서는 개인은 아무런 제한이 없지만, 법인은 배당으로 지급하거나 아니면 법인에 남겨두어야 한다(상법). 다음에서 중개법인의 법인세 신고에 대해 알아보자.

1. 소득세와 법인세 과세구조의 비교

중개사무소에 발생한 소득세와 중개법인에서 발생한 법인세의 과세구조를 비교하면 다음과 같다.

※ 소득세와 법인세 비교

구분	개인	법인
각 연도의 소득	소득세(6~45%)	법인세(9~24%)
배당소득	없음.	소득세(14%, 6~45%)
청산소득	없음.	법인세(9~24%)

2. 법인세 계산 흐름

법인세 계산구조를 개인의 소득세 계산구조와 비교하면 다음과 같다.

구분	개인	법인	비고
수입금액	기업 회계상 매출	좌동	
-비용	· 장부 · 경비율	장부	개인과 법인의 비용 차이 있음.
=당기순이익			
±세무조정	소득법 적용	법인세법 적용	
=소득금액			
-공제	소득법 공제	법인세법 공제	법인세법은 소득공제가 거의 없음.
=과세표준			
×세율	6~45%	9~24%	
-누진공제			
=산출세액			
-세액공제*	고용 세액공제 등	좌동	자녀 세액공제 등은 개인만 가능
-세액감면*	특별세액감면 등	좌동	중개업은 해당 사항 없음.
+무기장 가산세	20%	20%	
=결정세액			
-기납부세액			
=납부할 세액			

* 소득세나 법인세 신고 시에 세액공제와 세액감면은 매우 중요하다.

3. 적용 사례

사례를 통해 앞의 내용을 확인해보자. K 씨는 공인중개사로 나머지 공인중개사 자격이 없는 자와 함께 중개법인을 설립해 운영하고자 한다. 물음에 답하면?

- 연간 5억 원의 수입이 발생하고 있음.
- 사업상 필요경비는 대략 수입의 50% 수준임.

Q1. 이 경우 예상되는 소득세는?

사업소득 금액이 2억 5,000원 정도 되고 이에 세율 38%(누진공제 1,994만 원)를 적용하면 소득세는 대략 7,500만 원(지방소득세 포함 시 8,200만 원) 정도가 된다.

Q2. 만일 법인으로 만들면 법인세는 얼마나 되는가?

법인이익 2억 5,000만 원에 대해 세율 19%(누진공제 2,000만 원)를 적용하면 법인세는 2,700만 원(지방소득세 포함 시 3,000만 원) 정도가 된다.

Q3. 앞의 결과 법인세는 더 작게 나왔는데 법인은 이제는 부담해야 할 세금은 없는가?

아니다. 세후 잉여금을 배당 등으로 지급하면 이에 대해서는 추가적인 소득세가 발생할 수 있다.

Q4. 중개법인의 대표이사 등은 건강보험료를 어떤 식으로 내는가?

개인은 사업소득 금액을 기준으로 건강보험료가 발생하나, 법인은 개인의 근로소득을 기준으로 건강보험료가 책정된다.

Q5. 중개법인과 개인 중개사무소의 비용 처리법은 어떤 차이가 있는가?

일반적으로 대동소이하나, 중개법인 대표자의 급여는 비용 처리가되나, 개인 중개사무소는 그렇지 않다는 점에서 큰 차이가 난다.

※ 개인과 중개법인의 비용 처리법 비교

구분	개인*	법인**
비용 처리의 범위	법에 열거된 항목	법인의 자산을 감소시킨 지출
대표자의 인건비	비용에 해당하지 않음.	비용에 해당함.
1인 대표이사의 식대	이론적으로 비용에 해당하지 않음.	비용에 해당함.
업무용 승용차 업무 전용보험 가입 의무	장부 기준 등에 따라 차등 적용함.	무조건 가입해야 함. 불이행 시 전액 비용 부인

* 개인의 지출은 모두 비용으로 처리할 수 없다. 가사용으로 사용된 경우가 많기 때문이다. 한편 대표자의 인건비는 필요경비로 인정되지 않는다.

** 법인은 개인들보다 비용 처리 면에서 그 폭이 넓다. 우선 법인카드 등을 지출된 것들은 무조건 장부에 반영한 후 업무 관련성을 따지기 때문이다. 한편 법인대표자의 인건비는 원칙적으로 법인의 비용으로 인정된다.

❸ 법인은 지출항목별로 영수증과 법인계좌의 내용이 일치되어야 하므로 장부 관리가 촘촘해진다.

Tip   중개법인의 임원과 주주에게 적용되는 제도

중개법인의 임원 등에게는 다음과 같은 제도들이 적용된다.

1. 임원
· 3년 주기별로 임원 등기
· 임원에 대한 각종 세법상의 규제(가지급금, 임원 퇴직금 한도 등)

2. 주주
· 배당금 수령 시 배당소득세 과세
· 주식 이전에 따른 양도소득세, 상속세, 증여세 등 발생

중개사무소를 개인으로 할 것인지, 법인으로 할 것인지에 대한 의사 결정 문제를 살펴보자. 다만, 중개법인은 최소한 3인의 주주구성이 필요하므로 1인 법인체제는 허용되지 않는다. 물론 공인중개사 1명+그 외 2명의 체제는 가능하다.

1. 법인의 장점
중개업을 포함한 법인의 장점은 다음과 같다.

첫째, 저렴한 법인세율에 있다.
개인은 6~45%(6.6~49.5%), 법인은 9~24%(9.9~26.4%)의 세율이 적용된다. 따라서 이 세율만 보면 법인의 세금이 더 작게 나올 가능성이 크다.

☞ 법인은 앞의 법인세 외에 주주에게 배당소득세가 나올 수 있으며, 청산 시 청산소득에 대해 법인세가 추가로 과세될 수 있다. 물론 배당을 유보하거나 청산을 하지 않으면 앞의 법인세만 내면 된다. 이러한 상황에서는 법인이 절대적인 우위를 갖게 된다.

※ 개인과 법인의 세율 비교

구분	개인	법인	비고
사업소득	6~45%	9~24%	
배당소득	–	14%	무배당 시 이연 가능
청산소득	–	9~24%	계속기업 가정 시 발생하지 않음.

둘째, 비용 처리의 폭이 넓다.

개인은 확실한 비용을 제외하고는 대부분 업무 무관 비용이나 가사 비용으로 취급당할 수 있다. 업무와의 관련성을 입증하기가 힘들기 때문이다. 대표적인 것이 바로 이자 비용이다. 그리고 대표자의 인건비도 비용으로 처리하지 못한다. 하지만 법인은 개인과 구분되고 법인의 계좌 등을 통해 지출되므로 업무 관련성을 입증하기가 한결 쉽다. 이 외에 대표이사의 급여가 인정되어 개인보다는 비용 처리의 폭이 넓다.

셋째, 대외 공신력이 높다.

주식회사 등 법인은 상법상 조직체계(이사회 등 구성)를 갖추고 운영되므로 개인보다는 신뢰도가 높다. 이러한 점을 발판으로 사업 규모를 키울 수 있는 장점이 있다.

2. 법인의 단점

중개업을 포함한 법인의 단점은 다음과 같다.

첫째, 상법이나 세법 등의 규제가 세다.

법인은 주주와 채권자 등을 보호해야 하므로 상법이나 세법에서 다양한 규제장치를 두고 있다. 예를 들어, 법인의 자금을 무단으로 인출하면 이를 가지급금으로 보고 이에 대한 이자(4.6%)를 계산해 법인세와 소득세를 부과한다.

※ 개인과 법인의 자금 사용에 대한 차이

구분	개인	법인
계좌 종류	사업용 계좌(복식부기 의무자)	법인계좌*
무단인출 시 법적인 제재	없음.	가지급금, 횡령 등

* 법인은 개인계좌를 사용해도 가산세 제재는 없다. 다만, 내부관리를 위해서는 법인계좌를 이용하는 것이 좋다.

둘째, 관리비용이 많이 들어간다.

법인의 수익과 비용은 통장과 영수증 등을 근거로 관리가 되어야 한다. 한편 법인과 특수관계에 있는 임직원이나 주주, 그리고 거래처 등과의 거래도 정상적으로 해야 문제가 발생하지 않는다. 법인은 이러한 업무를 관리하는 데 다양한 비용이 발생한다.

셋째, 배당 및 청산절차가 있다.

법인은 이익 중 일부는 법인세로 내고 나머지는 사내에 잉여금으로 쌓아두게 된다. 이러한 재원은 향후 배당이나 자본금 전입 등에 사용할 수 있는데, 이 과정에서 다양한 세무상 쟁점이 파생한다. 예를 들어, 현금배당을 하거나 주식배당을 하면 주주에게 배당소득세가 부과된다. 이 외에도 법인을 청산할 때에는 청산과정이 있고, 이 과정에서 법인세나 배당소득세가 추가로 부과되기도 한다.

3. 적용 사례

| 사례 1 |

사례를 통해 앞의 내용을 확인해보자. K 중개사무소의 올해 실적은 다음과 같이 예상된다. 물음에 답하면?

| 자료 |
• 매출 : 4.9억 원
• 비용 : 2.9억 원

Q1. 올해 소득세는 얼마나 예상되는가? 단, 자료 외는 무시한다.

당기순이익 2억 원에 대한 소득세 예상액은 다음과 같다. 지방소득세는 고려하지 않는다(이하 동일).

- 산출세액 : 2억 원×38%-1,994만 원(누진공제)=5,606만 원

Q2. 법인으로 운영한 경우라면 앞의 결과는?

당기순이익 2억 원에 대한 법인세 예상액은 다음과 같다.

- 산출세액 : 2억 원×9%=1,800만 원

Q3. 앞의 경우 개인으로 하는 것이 좋은가 법인으로 하는 것이 좋은가?

이 경우 법인으로 하는 것이 세 부담이 작다. 다만, 그렇다고 법인이 더 낫다고 단정적으로 결론을 내릴 수 없다. 상황에 따라 결과가 달라질 수 있기 때문이다.

사례 2

앞의 사례를 연장해서 보자. K 중개사무소의 올해 실적은 다음과 같이 예상된다. 물음에 답하면?

> **| 자료 |**
> - 매출 : 6억 원
> - 비용 : 3억 원
> - 위 비용에는 세법상 인정되지 않은 비용이 1억 원이 포함되어 있음.

Q1. 당기순이익 3억 원에 대해 예상되는 소득세는?

3억 원에 대해 38%(누진공제 1,994만 원)를 적용하면 소득세는 9,406만 원이 예상된다.

Q2. 앞 자료상의 세법상 인정되지 않은 비용에 대해서는 문제가 없을까?

중개업의 당해연도의 매출액이 5억 원 이상이 되면 세무대리인이 모든 수입과 비용에 대해 검증을 하도록 하고 있으므로 이 과정에서 이 부분이 발견될 수 있다. 따라서 앞의 세금은 다음과 같이 변경될 가능성이 있다.

당초 예상분	변경 예상분	차이
9,406만 원	1억 3,406만 원*	4,000만 원↑

* 4억 원×40%-2,594만 원=1억 3,406만 원

Q3. 만일 앞의 사업을 중개법인으로 시작했다면 성실신고확인 제도가 적용되는가?

법인은 주업이 부동산 임대법인이거나 성실신고확인 대상 사업자가 법인 전환을 통해 법인을 설립하지 않는 한 이 제도를 적용받지 않는다. 따라서 중개법인은 대부분 이와 무관하므로 이 제도를 적용받지 않는다고 할 수 있다.

Q4. K 중개사무소는 매출액이 5억 원이 넘자 법인으로 운영하려고 한다. 이때 개인사업자를 폐업하고 법인을 설립하는 것이 좋은가? 아니면 법인에 사업 자체를 양수·양도하는 방법을 통해 법인 전환을 하는 것이 좋은가?

앞에서 잠깐 본 성실신고의 관점에서 보면 전자가 좋으나, 그밖에 퇴직금 승계나 영업권 계상 등을 통한 비용 처리 등을 위해서는 후자가 더 나을 수 있다. 이 부분은 저자 등 세무전문가에게 자문해 진행하는

것이 좋을 것으로 보인다.

구분	개인	법인
장점	· 세금 처리법이 간단하다. · 자금 사용이 비교적 자유롭다. · 세후 이익 처분에 대한 제한이 없다. · 폐업 절차가 간단하다.	· 소득이 많은 경우 중개사무소보다 세금이 약하다. · 대표이사의 급여 및 법인이 지출한 비용은 모두 인정된다. · 4대 보험료가 비교적 저렴하다(소득조절이 가능). · 대외 공신력이 높다(시너지 효과).
단점	· 소득이 많은 경우 세금이 많다(최고 세율 45%). · 매출(중개업 5억 원 이상)이 많은 경우 성실신고확인 제도를 적용받는다. · 비용 처리가 제한적이다(대표자의 급여는 비용으로 불인정). · 4대 보험료가 많이 나온다.	· 관리비용이 많이 들 수 있다(구성원 간의 비용부담, 세금부담 등). · 자금 무단지출 시 규제를 적용받는다(가지급금 등). · 이익배당에도 세금이 부과된다. · 주주와 대표이사 등에 대한 부당행위계산부인 제도 등을 적용받는다. · 폐업 절차가 복잡하다.

Tip 중개사무소 개인과 법인의 장단점 요약

신방수 세무사의
공인중개사 세무 가이드북

|실전 편|

제1판 1쇄 2024년 3월 7일

지은이 신방수
펴낸이 한성주
펴낸곳 ㈜두드림미디어
책임편집 최윤경
디자인 김진나(nah1052@naver.com)

㈜두드림미디어
등 록 2015년 3월 25일(제2022-000009호)
주 소 서울시 강서구 공항대로 219, 620호, 621호
전 화 02)333-3577
팩 스 02)6455-3477
이메일 dodreamedia@naver.com(원고 투고 및 출판 관련 문의)
카 페 https://cafe.naver.com/dodreamedia

ISBN 979-11-93210-61-1 (03320)